基于新媒体矩阵的高校网络教育研究

时 丹 著

合肥工业大学出版社

图书在版编目(CIP)数据

基于新媒体矩阵的高校网络教育研究/时丹著.—合肥:合肥工业大学出版社,2024.1

ISBN 978-7-5650-6148-6

Ⅰ.①基⋯　Ⅱ.①时⋯　Ⅲ.①高等学校—网络教育—研究　Ⅳ.①G64

中国国家版本馆 CIP 数据核字(2023)第 047566 号

基于新媒体矩阵的高校网络教育研究

时 丹 著			责任编辑　王　丹	
出　版	合肥工业大学出版社		版　次	2024 年 1 月第 1 版
地　址	合肥市屯溪路 193 号		印　次	2024 年 1 月第 1 次印刷
邮　编	230009		开　本	710 毫米×1010 毫米　1/16
电　话	基础与职业教育出版中心:0551-62903120		印　张	11.25
	营销与储运管理中心:0551-62903198		字　数	179 千字
网　址	press.hfut.edu.cn		印　刷	安徽昶颉包装印务有限责任公司
E-mail	hfutpress@163.com		发　行	全国新华书店

ISBN 978-7-5650-6148-6　　　　　　　　　　　　定价: 56.00 元

如果有影响阅读的印装质量问题,请联系出版社营销与储运管理中心调换。

前　言

　　随着新媒体时代的到来，各种新媒体媒介在高校思想政治教育中被广泛运用。大学生通过多种新媒体媒介及时了解、掌握各种时下最热门的网络信息，其世界观、人生观、价值观必然会受到不同程度的影响，日常学习方式和生活方式也会因此发生改变。有鉴于此，加强新媒体环境下的大学生网络思想政治教育工作，有助于"为学生一生成长奠定科学的思想基础"，能够帮助大学生正确认识世界和中国发展大势，正确认识中国特色和国际比较，正确认识时代责任和历史使命，正确认识远大抱负和脚踏实地，这为大学生的顺利成长与成才提供了必要的保障，也为大学生实现青春梦、中国梦指明了方向。

　　本书首先介绍了新媒体矩阵与网络育人的基本概念，然后分析了新媒体矩阵的构建及新媒体矩阵在高校网络育人中的应用，接下来对基于新媒体矩阵的高校网络育人工作启示、高校网络育人新媒体矩阵建设的措施进行了研究，最后提出了新媒体矩阵下网络育人教育创新路径。

　　本书在撰写的过程中，得到了出版社的领导和编辑的大力支持，还有许多同事为本书的编写提供了大量的资料，在此一并表示衷心的感谢。由于时间紧、工作量大，书中难免会出现不足之处，恳请读者批评、指正。

时　丹

2023 年 3 月

目　　录

第一章　新媒体矩阵概述

第一节　新媒体矩阵的定义

新媒体矩阵是依托互联网数字技术，具有系统性、同一性、动态性、自由组合、立体性等基本特征，能够实现思想引导、内容制造、主流传播、文化演绎、舆情监控等主导功能，由若干新媒体载体组成的互相支撑、互为补充、互为验证的动态媒介系统集合。

新媒体矩阵具有矩阵的本质特征，并非一个简单的数表，而是一个由多种新媒体媒介元素所组成的动态系统。在这个系统中，蕴含着多个新媒体媒介元素，这些元素随着教育主体、教育客体、教育环体的变化而变化，又因为这些变化的教育主体、教育客体、教育环体，围绕同一个教育目的，形成一种动态的平衡。新媒体矩阵不是一个功能单一、传播受到自身局限的独立矩阵，而是一个以新媒体媒介为平台，充分将微信、微博、客户端等不同新媒体媒介的优势整合运用，使其在空间、时间上互补，从而将各自的功能、价值和使用效果全面提升的动态系统。对新媒体矩阵中的各个元素而言，单独的新媒体媒介固然可以发挥巨大的效果，但也存在着各自的短板。而新媒体矩阵可以将各个新媒体媒介元素进行联动，从而实现互补，进而将单个新媒体无法实现的功能予以实现，并发挥出"1+1>2"的效能，实现教育效益的最大化。

第二节　新媒体矩阵的特点

高校网络育人新媒体矩阵是一个动态的系统，虽然其不断地根据教育主体、教育客体、教育环体、教育介体进行变化，但究其本质可以发现，其仍然具有一个固定的范式，具有系统性、同一性、动态性、自由组合和立体性五大特点。

一、系统性

系统性是高校网络育人新媒体矩阵的基本属性。所谓系统性是指这里的新媒体矩阵并不是将各个新媒体元素杂乱无章地集合在一起，而是一个横向贯通、纵向衔接的有机组合，其对于高校网络育人的实施是一个系统递进、协调持续的过程。根据不同大学生的个性特点、心理状况来设定、组织和实施高校网络育人内容，有助于教育合力的发挥和教育目标的实现。由于新媒体矩阵是由若干新媒体媒介所组成的教育载体的集合，是一个联合的有机主体，所以系统性显得尤为重要。作为该矩阵子单元的各个新媒体媒介，又是相互独立的媒介，可以随着外界的变化而变化，具有各自独特的特点和功能。这些新媒体媒介作为矩阵子单元一旦组成矩阵，其整体就能实现单个媒介所不能实现的教育目标，从而使矩阵的整体性质和功能不等于单个新媒体媒介功能的简单加和，可以全方位、多维度地及时了解大学生的需求而进行针对性教育，这样就可以大幅度地提升新媒体矩阵的教育作用，从而发挥教育的最大成效。此外，系统性不仅针对新媒体矩阵中的元素，也映射出高校网络育人各要素的系统性。正如前文所述，高校网络育人是一个完整的系统，其各要素也具有系统性，因此，要从新媒体矩阵的系统性出发，仔细分析研究新媒体矩阵中各个独立新媒体元素的优点与缺点，仔细分析高校网络育人各要素的特点与变化，积极处理好各媒介、各要素之间的关系，使各媒介、各要素尽可能融为一个有机的整体，从而发挥最大的作用。

二、同一性

尽管在新媒体矩阵环境中，实现网络教育的途径有许多种，但是无论采取何种途径，目的都是更好地开展大学生网络教育。所以说，新媒体矩阵的本质是高校网络育人载体的汇合，其具有"四大"同一性，即同一受众对象、同一内容、同一目的、同一本质。

从受众对象上看，网络教育者依托新媒体矩阵进行网络教育的客体都是大学生，所以无论采取何种媒介，形成何种合力，都必须凸显大学生的特点，符合大学生的喜好，满足大学生的需求。从内容上看，网络教育者通过新媒体矩阵将自己所要传授的内容教授给学生，无论采用矩阵中的何种媒介，他所要表达的内容和含义是一致的、相同的。尽管由于媒介的不同，产生的效果可能不尽相同，但灌输的内容却是一致的。从目的上看，新媒体矩阵的建设目标是一致的，即对大学生进行网络教育，帮助青年坚定理想信念，使之能志存高远，脚踏实地，勇做时代的弄潮儿。从本质上看，新媒体矩阵是各个高校网络育人载体的集合，所以具有载体的普遍属性，其目的亦与其他载体相同，即始终为高校网络育人服务。

三、动态性

高校网络育人的新媒体矩阵一旦形成，就具有一定的稳定性，但是这种稳定性是相对的，是一种动态的稳定。新媒体矩阵与传统的大学生网络教育载体不同，具有明显的动态性。传统的高校网络育人由于载体多为专题教育门户网站，所以教育内容缺乏针对性；网站教育内容枯燥，栏目设置大同小异，缺乏互动性，教育方式也缺乏多样性。而当今正处于信息化社会，信息的传播打破了时间与空间的限制，青年又恰好处于人生中求知欲最为旺盛、对各种变化最为敏感的时期，传统静态的网络思想政治教育无法满足青年的求知需要。而新媒体矩阵正好具备了传统网络教育载体所没有的特点，它不是传统网站般的单一介体，而是由多个新媒体媒介所组成的，其中的每个元素都在不断变化，使其结构也处于不断变化的过程中，犹如原子结构一般。在这样一个动态的结构中，矩阵的每个媒介发生的变化都会引起矩阵中其他媒介发生变化，从而暂时形成当时状态下的最佳教育模式，进而达到最佳的教育效果。从大学生网络教育者的角度看，教育的模式是不断根据教育要求、教育目的、大学生的状态而变化的，也是随着教育环体的不同而变化的，教育者要根据变化的状况不断调整和优化教育方式，从而使大学生能够即时地获得自己想要学习、了解的知识和内容。总之，在新媒体矩阵中，各个新媒体媒介元素是暂时稳定的，当环境和状态发生变化时，就会对原有教育矩阵进行优化，从而形成新的矩阵。

四、自由组合

自由组合也是新媒体矩阵的一大基本特征。由于新媒体矩阵是由不同媒介组成的，因此自由组合这一特性是自然形成的。作为一个开放的系统，它不断地与外部进行内外交互，使其内部组成元素不断形成最佳的组合形态。

这种变化是双向的、即时的，也是自发的，是一种动态的调整。在高校网络育人过程中，教育不仅是双向的，也是主动的，教育者与大学生都在互相沟通和交流中寻找最佳的教育学习模式。新媒体矩阵就是这种模式的最新成果，它根据不断变化的问题而不断地进行调整，选择在某一时刻、某一场合形成最合适的组合，在保证教育质量和教育私密性的同时，为双方搭建了一个良好的沟通渠道与桥梁。

五、立体性

新媒体矩阵相较其他单独的教育媒介而言，有着不可复制的特征——立体性。由于新媒体矩阵是由不同的新媒体媒介元素所组成的，所以它拥有庞大的信息容量、海量的信息资源、快捷的信息传播通道和交互式的传播媒介等诸多特点。因此，新媒体矩阵与传统教育媒介相比，具有超越时空的全方位、多维度的立体教育优势。而新媒体矩阵的立体性可以帮助高校网络育人者根据自身的需要，选择古今中外优秀教育资源中最适合的内容，"定制"符合自身教育要求的矩阵模型，从而达到最佳的教育效果。

第三节　新媒体矩阵的功能

在当前手机等移动终端全面普及的时代里，大学生的日常学习与生活都离不开这些终端，他们可以通过终端上的新媒体媒介随时发布信息和获取自己想要的内容，表达自己的情感和状况，记录自己的行为。很明显，大学生的日常学习与生活已经与这些新媒体媒介不可分离，正在受到它们越来越大的影响。通过运用新媒体矩阵对大学生日常学习与生活的状况进行分析，不难发现，新媒体矩阵在其中表现出下面五个方面的功能。

一、思想引导

2014年12月，习近平总书记在第二十三次全国高等学校党的建设工作会议上强调，办好中国特色社会主义大学，要坚持立德树人，把培育和践行社会主义核心价值观融入教书育人全过程；强化思想引领，牢牢把握高校意识形态工作领导权。大学生正处在世界观、人生观、价值观形成的重要时期，新媒体的出现，尤其是互联网的匿名性和跨越时空的属性，使一些不良信息在媒介上传播，从而会对大学生的世界观、人生观、价值观产生负面的影响，使其思想意识出现位移。所以，高校网络育人要加强思想引导，尤其是要运用新媒体矩阵进行思想引导。新媒体矩阵的思想引导功能，就是充分发挥新媒体矩阵的同一性特点，在坚持以马克思主义为主导的前提下，大力加强大学生理想信念教育，通过发挥新媒体矩阵自由组合的优势，将不同的新媒体媒介组合在一起，开展理论教育和实践教育，帮助大学生在课堂上、生活中、实践里积极践行各种思想道德教育，引导其树立正确的世界观、人生观、价值观。具体而言，就是基于新媒体矩阵的思想引导，积极地将最前沿的高校网络育人内容与大学生喜闻乐见的内容和形式相结合，通过运用新媒体媒介的传播规律和传播特点，将思想引导融入新媒体媒介的方方面面，将核心价值观的传播浸润在新媒体媒介的各个角落，从而在内容上、形式上满足大学生的需要。

同时，新媒体矩阵还可以引导大学生正确使用新媒体媒介进行学习和生活，提升大学生正确认识、正确使用、合理区分与鉴别新媒体传播内容的能力。通过新媒体矩阵向大学生灌输正确的新媒体使用理念，教授大学生正确合理地使用新媒体媒介，培养大学生良好的新媒体使用习惯，提升大学生对于新媒体矩阵的组合使用能力，从而使其树立正确的使用观念，形成良好的新媒体学习使用素养。具体而言，对大学生使用新媒体进行思想引导，首先大学生要学会正确使用新媒体媒介，能够准确认识不同新媒体媒介的特点和作用；其次，新媒体矩阵可以引导大学生提高自身的分辨能力和批判能力，能够通过新媒体媒介上所传播的思想内容和所坚持的思想路线，帮助大学生分析问题，辨别问题，解决问题；最后，新媒体矩阵可以帮助大学生实现自我能力的提高、自身价值的实现和自我生涯的发展，通过新媒体矩阵，可以引导大学生实现自我教育，从而使他们达到自己确立的奋斗目标。

二、内容制造

在新媒体时代，信息的传播已逐步趋向碎片化、零星化，各种信息在网上不断交互。新媒体矩阵通过将各种新媒体的内容汇总集聚，从而产生数量庞大的教育内容。大学生、网络教育者、网络教育管理者，乃至社会的方方面面都可以将自身周边发生的事情、自身面临的问题，通过新媒体进行演绎和表达。所以，高校网络育人者要积极发挥新媒体矩阵的内容制造功能，加强正面内容的制造，防止和减少负面消息的散播和传递，以免引起大学生思想的混乱。教育者要首先占领新媒体阵地，保证制造内容的正确导向，并且把习近平总书记提出的"思想政治工作从根本上说是做人的工作，必须围绕学生、关照学生、服务学生，不断提高学生思想水平、政治觉悟、道德品质、文化素养，让学生成为德才兼备、全面发展的人才"，作为一切内容制造的出发点和落脚点。

一方面，教育者要充分运用新媒体矩阵的内容制造功能，加强对负面内容的过滤和分辨，发现校内出现的对党和国家政策进行曲解和诋毁的错误内容要立即删除，追查信息源，并对"唱衰"政策超出学术讨论范围的学生进行专门指导，使其能够正确认识政策的优越性和普适性。另一方面要加强对校园内突发事件、社会突发事件和大学生普遍关注的社会热点问题的释疑、解答和说明，及时进行信息内容的流通和公开。知情的大学生要运用新媒体媒介及时将情况汇报给思想政治教育者，避免出现信息的堵塞现象。新媒体时代，信息封闭不仅不能实现信息传递的断绝，反而会引发和激化大学生的不满情绪。"谣言止于智者"，非官方的信息来源只会误传、恶化消息，只有通过新媒体媒介的正面引导，才能使信息尽快得到真实的公开，才能使大学生及时了解事情发展的动态和状况，才会使正面的内容在网上正常流转。

作为教育的重要载体，新媒体矩阵不仅可以释疑信息的真伪，还可以将各种事情通过合理的形式表达和创作出来。通过新媒体媒介不同形式的阐述与表达，可以将教育的内容艺术化、个性化，从而更加契合大学生的需要和爱好，进而为大学生所欣然接受。通过新媒体矩阵所制造的内容，其模式大多较传统媒体新颖，形式也较传统方式精练，更契合大学生的阅读和学习习惯。

三、主流传播

在国内，主流的传播媒介是新闻媒体，然而随着新媒体时代的发展，各种新闻媒体都开启了媒介融合发展的道路。从基本国情出发，围绕最广大人民的根本利益，形成以人民为中心的舆论导向，这是我国主流媒体的最终目标。大学的主流媒体是我国主流媒体的重要组成部分，是校园公信力和权威性的代表，具有较为强大的影响力。大学主流媒体的新媒体矩阵能够在坚持主流传播的情况下，巩固马克思主义主流意识形态在大学校园的传播，通过新媒体及时、快速地将正确的主流信息传递给大学生，从而避免产生误导和歧义。当前，网上可以大量地制造各种各样的内容和信息，这些信息在互联网这个广阔的平台上，没有经过认证、审核即可大肆传播。由于互联网的匿名性，这些信息的发布者可以隐藏自己的身份，逃避监管，往往使的确认虚假信息和追究责任需要花费大量的人力、物力和财力，即使得到确认，很多消息也早已过时。此时，主流的信息传播可以在第一时间对正确的信息进行处理和发布，就可以避免这一情况的发生。

在当前高校网络育人实践中，教育部运用新媒体矩阵所进行的主流传播最为成熟。从传播模式、传播渠道、传播内容、受众构成，再到运行模式，教育部都对主流传播进行了基于新媒体媒介融合的创新与改变，颠覆和打破了传统的传播生态布局，将富媒体数据变成了其新媒体矩阵的传播核心，创造式地将各种文字、各类音频和视频、各样图表集中在一起，从而形成了极具个性化、及时性、互动性的传播载体"微言教育"，受到了包括大学生、大学生网络教育者等在内的各类群体的喜爱。移动阅读目前已成为许多大学生的阅读习惯，在教育部的新媒体矩阵中，以微博、微信、微视、美拍等为代表的碎片传播成了一种风尚。在坚持主流传播的基础上，教育部运用新媒体矩阵实现了传播流程和模式的再造。

四、文化演绎

文化演绎是新媒体矩阵的又一大功能。当前，新媒体媒介上的网络文艺作品题材丰富，内容多样，形式迥异，具有独特的娱乐特点，又蕴含了高校网络育人的内容，能够较好地吸引大学生的注意力，已经逐渐成为大学生和高校网络育人者之间沟通的桥梁，较常规和传统的大学生网络教育方式具有更为独特的优势。在教育的过程中，教育者通过新媒体矩阵，利用其内容制造的功能，"寓教于乐"，将网络教育的内容通过文化演绎进行表达，引导大学生在欣赏、了解文艺作品的同时，接受、领悟教育内容，可以事半功倍地发挥教育的效能。新媒体矩阵的文化演绎是网络文艺在当前大学生网络教育中的集中体现，是对高校网络育人方式的创新。

高校网络育人者运用新媒体矩阵的文化演绎功能开展教育，其实质是通过新媒体矩阵这一载体，将教育内容艺术化，将具有鲜明的马克思主义意识形态属性及较强的时代性和创新性的内容通过文艺修饰和文化表达进行阐述，从而降低灌输式教育所引起的大学生的抵触。通过新媒体矩阵的文化演绎，可以将高校网络育人者的教育感悟、教育经验、内心情感一一诠释，为大学生的学习与生活提供指导和帮助。同时，教育者可以通过中华传统民俗文化、社会公益文化、世界艺术文化等不同题材的微视频、微戏剧等，对大学生进行包括道德教育在内的各种网络教育。基于新媒体矩阵文化演绎的不同类型的作品虽然各具特点，但是都能够抓住网络教育的内容，反映网络教育的目的，对大学生的成长发挥着重要作用。

五、舆情监控

在新媒体时代，舆情监控是新媒体矩阵的主要功能。新媒体矩阵能够有效地履行"舆情收集者"和"舆情把关人"的职责，不仅能在舆情发生后对舆情进行及时搜集，还能准确进行舆情判断，处理突发问题。

一般而言，新媒体矩阵的舆情监控主要是指通过对大学生网络信息的抓取、分析，从而获得对思想政治教育舆情的有效掌握。监控的范围包括微信、微博、客户端、论坛等。新媒体矩阵通过收集、提取获得的信息，而后查找、发现有效的舆情状况，并开展对大学生言行的动态跟踪和科学分析，进而形成有效的定期分析制度。新媒体矩阵可以通过对突发事件舆情信息分布的掌握，从而把握大学生的舆情状况。

在当前的社会环境里，大学生的舆情环境主要会在以下几个时间点发生变化，即重大政治事件发生、关乎大学生切身利益的消息发布、社会舆论热点事件发生等。而在这些时间点上，新媒体媒介是第一时间获取和发布消息的渠道。高校网络育人者通过新媒体矩阵可以在网络舆情发生之初，即进行研判，并及时跟踪相关情况；新媒体矩阵可以对监控的舆情进行日报、周报、月报、季报，从而可以发现一段时期内舆情发展的特点和大学生对舆情的态度与心理，进而为高校网络育人提供参考和帮助。此外，舆情监控应注重环境的因素，要及时发动社会公众参与，通过线上线下新媒体媒介的联动，形成新媒体舆情监控矩阵，对影响大学生成长的舆情环境实现360度全覆盖。

第四节　新媒体矩阵建设的意义

一、有利于高校网络育人的因势而新

2016年12月，习近平总书记在全国高校思想政治工作会议上的重要讲话中提出"因事而化、因时而进、因势而新"的"三因"理念。这是开展思想政治工作的新理念，也指明了思想政治教育新的发展方向、工作方法及创新要求。同时，习近平总书记还提出"思想政治工作从根本上说是做人的工作，必须围绕学生、关照学生、服务学生，不断提高学生思想水平、政治觉悟、道德品质、文化素养，让学生成为德才兼备、全面发展的人才。"习近平总书记的讲话深刻地提出了高校必须全方位开展思想政治教育的要求，指出了大学生思想政治教育的重心，为大学生思想政治教育效力的发挥做了明确指示。大学生思想政治教育新媒体矩阵建设便是对"三因"理念的积极回应。

高校网络育人新媒体矩阵本身便是"势"。信息网络、信息科技已经成为拉动国民经济增长的重要组成部分，关于信息化的创新研究也是国家发展的重中之重，同时信息化程度成了国家发展的重要指标。这些现象都在说明信息化、网络发展已经成为社会进步、经济发展的"大势"。数字科技下的新媒体产物正在逐步取代我们传统生活的方方面面，从"现金"到"刷卡"，从"刷卡"到"刷脸"；从电视机、游戏机到视频直播、游戏联机；从"逛商场"到"逛淘宝""逛京东"；从"等公交"到"打滴滴"；从课后培训到视频教学等，新媒体给我们的生活、消费、娱乐、教学方式带来了质的变化，已然成了我们需要去面对的"新形势"。而且，根据互联网的调查报告可知，新媒体的覆盖率、影响力已经成为改变社会、改变环境的强有力、不可逆的"态势"。新媒体自身来势汹汹的"情势"，让我们必须结合新媒体的"优势"，融合新媒体的特点，形成高校网络育人有力发展的"局势"。"融媒体"发展理念的提出，使得高校网络育

人新媒体矩阵建设具备了强大的理论指导和物质条件，为实现全方位的高校网络育人打下了坚实基础。同时，新媒体自身的特点决定了新媒体矩阵内容的"新"。新媒体信息的海量性、时效性、互动性为高校网络育人新媒体矩阵建设提供了强大的内容支撑。并且，高校网络育人新媒体矩阵结合自身的特性为高校网络育人提供源源不断的信息和资源，让高校网络育人紧跟社会发展的步伐，关注社会的时事，迅速适应社会的态势，形成具有创新性的理论与实践。

二、有利于高校网络育人时效性的提高

"时效性"较多地出现在新闻领域，关于一个新闻是否"新"，判断的关键便是是否具有"时效性"。"时效性"包含两个层次，第一是时间，第二是效率。尤其是处于信息时代，时效性变得更加重要，人们不再只关注事物"有效性"的发挥，更注重与"时间"赛跑。信息时代给思想政治教育带来了不断变化的新环境、不断提出的新要求和具有各类特征的新对象，带给高校网络育人一系列关于"时效性"的问题与挑战。思想政治教育作为最直接、最显性的思想教育活动，必须与时俱进，抓住学生生活的实际需求，并经常关注网络上的相关内容和信息对学生进行引导和培育。由此可见，高校网络育人新媒体矩阵综合了思想政治教育强调的有效性与新媒体领域的时效性，可以对大学生进行及时有效的思想政治教育。

体现思想政治教育有效性的，分别是思想政治教育结果的有效性、过程的有效性及要素的有效性。高校网络育人新媒体矩阵是围绕思想政治教育基本内容而建设的，因此高校网络育人新媒体矩阵时效性的发挥也必然对这些方面有所体现。

首先，思想政治教育基本要素包括教育者、教育对象、教育目的、教育内容、教育方法、教育情境等。教育者发挥时效性，除了必须具备相应的思想政治教育素质之外，还必须培养和树立媒介素养，需要更新传统教与学的观念，重新认识人才观与师生观；需要具备新媒体相关知识与使用技能，掌握新媒体的特性和技巧；需要具有获取、评价、运用信息的能力，并且能够准确判别新媒体信息的意义与价值。教育者具备了运用高校网络育人新媒体矩阵的基本素养后，便能够准确把握各类新媒体的主流信

息与内容，成为新媒体矩阵内容运行的主导者，从而能及时发挥新媒体矩阵的思想政治教育作用。教育对象是新媒体的主要受众，深度依赖新媒体环境，对新媒体信息的获取非常出色，但是缺乏对新媒体信息的判断能力，在网络道德素养方面还有很大的提升空间。教育对象的这种特性为新媒体矩阵时效性的发挥提供了实践基础，也体现了新媒体矩阵建设的重要性。高校网络育人新媒体矩阵建设的目的是利用各类新媒体联合形成有规则、有计划、有针对性、全方位的矩阵来提升高校教育水平，促进思想政治教育的发展，培养全方位发展的人才，这一明确的目的可以推动思想政治教育活动及时、有效、可持续性的展开。同时，新媒体矩阵建设具有强有力的理论基础与实践基础，具有可实现性；新媒体矩阵通过实时的反馈机制，能够准确把握受众的需求和爱好，从而进行精心的选择和计划，能够全面涵盖思想、情感、能力等多个方面。高校网络育人新媒体矩阵建设的领导者是高校的党政部门，主导者是知识渊博、经验丰富的教师主体，他们在对矩阵内容的把控上具有领导权，并且矩阵的运行方式都是教师、学生喜闻乐见、易于接受的教育方法，能够及时与学生进行有效的沟通、交流。新媒体矩阵创建的环境与社会政治、经济、文化的大环境时刻保持着紧密联系，涵盖了社会、学校、家庭等多个领域，并承载了思想政治教育的内容、目的，是一个全方位、引导型、具有潜移默化作用的即时环境。因此高校网络育人新媒体矩阵从各个要素而言都具有不可替代的时效性。

其次，思想政治教育过程指的是"教育者根据一定社会的思想政治教育要求和受教育者思想政治教育素质形成发展的规律，对受教育者施加有目的、有计划、有组织的教育影响，促使受教育者产生内在的思想矛盾，以形成一定社会所期望的思想政治素质的过程"。高校网络育人新媒体矩阵建设不仅与思想政治教育过程保持一致，而且对其有进一步的推动作用。思想政治教育过程从实质上说便是受教育者将教育者要求的思想观念、价值观念等内容内化于心、外化于行的过程。高校网络育人新媒体矩阵建设不仅仅能够完成"内化"与"外化"的转变，更重要的是能够担任"内化"与"外化"的催化剂角色，使思想政治教育过程的时效性从三个方面实现提升。第一，新媒体矩阵能够加强思想政治教育主体之间的认识活动。传统的师生关系是教与学的关系，具有严格的区分，关系较为疏远，但新媒体矩阵可以打破这一界限，让教育者与受教育者可以进行实时的互动，加强师生之间的交流，拉近教育者与受教育者之间的距离，使两者通过新媒体矩阵互相认识、了解。第二，提升教育者在实践活动中的时效性。教育者通过对新媒体运用技能的把握，可以不受地点、人数的限制对教育内容进行视频、音频、文本的传递，实时地向受教育者传递教育内容；同时教育者利用新媒体信息的快捷性、互动性的特点，可以对大学生关注的事件、社会的热点事件进行实时的直播讲解和交流讨论，大大节约了教育实践活动的时间、人力成本。第三，高校网络育人新媒体矩阵给予受教育者广泛的实践、"外化"的机会与平台。新媒体让大学生有了更多发表言论、展现观点和表达需求的渠道，可以激发大学生勇于展现自己内心的想法，使大学生具有源源不断的动力去学习、获取更多的知识和开展实践。

最后，对思想政治教育结果有效性的评价是分别从结果的教育性、个体需要满足性、社会需要满足性这三个方面来进行的。高校网络育人新媒体矩阵建设对思想政治教育时效性的提升也体现在对结果的评价和个体、社会需要与诉求的满足之中。第一，新媒体矩阵对思想政治教育结果的时效性具有促进作用。高校网络育人新媒体矩阵可以通过多个相互@的新媒体使大学生了解到不同层次的教育内容，帮助大学生熟知基础知识、理解逻辑规律、研究深层次的内容，激发大学生的好奇心和自主学习的能力，营造积极向上的学习环境，及时促进思想政治教育结果的达成。第二，新媒体矩阵对教育对象个体需要的满足有时效性的意义。大学生通过新媒体可以将学校与社会进行有效的衔接，透过新媒体可以看到学校中不常见到，但是在社会中很普遍的相关的社会准则，为大学生走向社会进行思想上的铺垫；同时，新媒体矩阵可以满足大学生对于精神生活的需要，享受与大众分享交流自己的观点和意见的乐趣，从中获得参与感、愉悦感，使他们的学习过程具有美的、轻松的精神体验，培养大学生的审美情趣。第三，高校网络育人新媒体矩阵相较于传统的思想政治教育工作的方法，具有的最明显特征便是信息传达的及时性和海量性，这满足了社会稳健发展的要求。国家政策通过新媒体矩阵能以最快的速度发布，引起社会的关注、讨论，这对国家政策的制定、宣传、实施具有重要的时效性意义。同时，大学生通过新媒体矩阵能够在第一时间了解国家的方针政策、社会道德规范，并通过教育者的详细分析与深刻讲解产生心理认同，自觉遵从社会的行为规范和价值准则，从而为构建社会文明、促进社会进步提供全方位发展的人才。

三、有利于高校网络育人的科学化

具有完整科学体系的马克思主义是思想政治教育学的理论基础。马克思主义的世界观和方法论既决定了思想政治教育的科学性，也奠定了高校网络育人新媒体矩阵的理论基础，因此高校网络育人新媒体矩阵建设拥有科学的基础与保障。高校网络育人新媒体矩阵在此理论基础上还融合了新媒体发展的特性和规律，具有发展的现实条件，可以推动高校网络育人实践的科学化发展。

首先，高校网络育人新媒体矩阵以思想政治教育方法论为理论指导，并根据大学生思想形成发展的规律及在虚拟社会中思想行为的规律为依据来运行。第一，由于高校中有不同年龄层、不同专业领域的学生，他们的思想发展具有不同的特征和规律，高校网络育人新媒体矩阵会根据大学生不同的思想发展阶段进行目的、方式、内容等方面的设计。第二，"00后"作为当前校园的主要学生群体，在信息时代的背景下，形成了思想务实开放、性格独立个性、行为果敢多元、会努力寻求存在感和认同感的代际特征。"00后"是新媒体的主动参与者，也是受新媒体影响最为全面、深刻的一代人。高校网络育人新媒体矩阵依据网络背景下大学生思想行为的特征，尊重大学生的个性差异来对其进行指导和教育，使思想政治教育具有针对性、客观性、科学性。

其次，社会历史发展的客观规律及网络思想政治教育发展的规律是高校网络育人新媒体矩阵建设的基本遵循。其一，思想政治教育在不同的历史时期具有不同的总任务，需要紧紧跟随社会发展的实际需要，与社会发展相适应。当前，随着互联网的发展，网络信息领域迅速扩大，信息科技日益创新发展，对社会各个方面的发展产生了巨大的影响，这对我国在信息时代的发展形成了极大的挑战。因此，现阶段加大对互联网新媒体的治理和领导显得尤为重要与必要。其二，互联网给社会所带来的影响是有规律的，从而使得基于网络发展之上的网络思想政治教育也具有相应的规律。在互联网刚进入我国时，相关的网络制度与设备技术还不够成熟和完善，而人们对网络充满了好奇，从而导致网络中的暴力信息、不良内容、易让人沉溺的游戏及网络诈骗等频繁出现。这些现象直接导致社会上一些失德、暴力、刑事与民事案件等不断发生，对青少年群体产生了不好的影响。因此，国家积极开展网络领域的治理与规范，思想政治教育也随之开始关注网络领域，并极力寻求克服网络负面影响的教育方法。随着互联网的日益普及，人们对网络的好奇逐渐理性化，但伴随互联网而来的文化入侵，使社会中"崇洋媚外"的现象频频发生，此时，网络思想政治教育更多关注的是对网络主导权的把控、网络空间的综合治理与新媒体平台的融合利用，因而高校网络育人新媒体矩阵应运而生。

再次，坚持"以人为本"的原则是高校网络育人新媒体矩阵建设的出发点和落脚点。一方面，推动新媒体矩阵主体的科学化建设是新媒体矩阵建设的应有之义。高校网络育人新媒体矩阵建设对教育者主体提出了更高的要求，要求教育者不仅具有渊博的专业知识，还需要培养和提升自身的媒介素养。这需要高校加大对教育者的教育，在媒介素养方面进行投入和培训。作为教育者，在提升自己的同时可以通过新媒体平台了解受教育者主体并尊重受教育者。另一方面，新媒体矩阵建设中的新媒体是根据其在受教育者中的受欢迎程度来选择的，因此应适应大学生的日常生活，涉及的内容都以学生为主体，结合学生的实际需要、思想发展而设定，以充分尊重受教育者的主体性。除此之外，新媒体矩阵中的教与学是双向互动的，教育者通过系统的组织来教育、引导受教育者，而受教育者接受教育和自我提升的思想行为状态也在同一时间影响着教育者。这促进了更加平等的沟通和交流，有利于推动高校网络育人科学化发展。

最后，高校网络育人新媒体矩阵建设符合思想政治教育发展趋势。思想政治教育受到政治、经济、文化、环境的影响，尤其是信息科技发展的影响，使思想政治教育具有了新的特征，也为其发展指明了方向，这些特征和方向构成了思想政治教育新的发展趋势。掌握新发展趋势，优化思想政治教育结构，创新思想政治教育方法，培养有理想、有道德、有文化和有纪律的青年，坚持"立德树人"的中心环节已成为当下各个高校思想政治教育工作最为关键的一步。新媒体矩阵建设符合思想政治教育现代化、规范化、国际化发展趋势的要求。第一，高校网络育人新媒体矩阵符合思想政治教育观念、方法的现代化发展要求。当代社会是一个空前开放的社会，世界经济互相联系，逐渐打开了人们的视野。新媒体矩阵便是思想政治教育树立开放的现代化观念和运用现代化新媒体技术，构建合理、有效的教育体系的工具。第二，加快建设社会主义法治国家，不仅要求加强法治建设，更要求德治与法治共同发挥作用。思想政治教育作为德育的基础学科，必须适应法治社会的要求，促进思想政治教育规范化发展。而高校网络育人新媒体矩阵建设便是集权威性、功能性、层次性于一身，具有明确的建设主体、建设依据，是有章可循、有制可依的思想政治教育规范化模式，并且做到了管理机制、保障机制、运行机制的有机统一，能够保证思想政治教育得到科学、系统、有序、规范的运行。

第五节　新媒体矩阵与传统网络模式的比较

一、新媒体环境下与传统网络模式下大学生的成长比较

（一）大学生新媒体行为与爱好发生变化

相比从前的大学生，当前的"00后"大学生对新媒体使用的频率远远高于传统的广播、电视等。尤其是在青年大学生群体中，由于新媒体所具有的互动性、便捷性、实效性等特征，从而使其成为大学生社会交往和信息获取的主要媒介。

根据《中国新媒体发展报告（2017）》等，我们得知大学生平均每天在新媒体上会花费 2~7 小时，且主要集中在 19~23 点。报告还显示，大学生使用新媒体主要是由于其具有使用方便、信息量大、时效性强等特点，这些正好满足了大学生的需求。在对大学生使用新媒体的动机调查中，我们可以发现大学生使用新媒体主要是为了社交、休闲和娱乐。此外，男女生在新媒体的使用上也存在一定的差异，男生会花费更多的时间玩游戏，而女生则喜欢使用新媒体进行社交，两者对于运用新媒体进行学习和阅读都略显不足。在新媒体的选择标准上，女生看重的是新媒体的娱乐作用，而男生则更看重新媒体的时效性。此外，女生在社交、购物等新媒体功能的使用上也远远高于男生。报告还显示，绝大多数大学生都表现出了对新媒体的依赖。在整体上，女生在不使用或不接触新媒体时所产生

的不适感明显要高于男生。企鹅智酷发布的《"微信"影响力报告》显示，54%的用户日均使用微信超过 1 小时，超过 2 小时的为 32%，从中不难看出大学生对于新媒体的依赖。综上所述，大学生是新媒体的主要使用者，其主要看重新媒体所具有的信息量大、快速、便捷的特点，且主要使用新媒体从事社交、娱乐等活动。

（二）新媒体环境下大学生的心理和道德问题不断增加

在互联网上，海量的信息和便捷的方式都会对年轻的大学生产生巨大的吸引力，从而极易改变一些大学生的生活习惯和生活规律。众所周知，过分沉浸在网络中，会对身心尚处在成长阶段的大学生产生不良的影响，使这些心智尚未完全成熟的大学生逐渐远离现实世界，继而与周围人的关系变得淡薄，这既不利于大学生成长，也不利于他们融入社会。同时，大学生长期活动在虚拟网络上，当他们在新媒体媒介上获得的快乐远远超过现实世界时，就会引发诸如人际关系障碍、人格障碍等一系列问题，甚至于由于网络上缺乏秩序约束，大学生在网络上会肆无忌惮地说话、表达，这些道德缺位的行为问题也会被大学生从网上带入现实世界，这是当前大学生网络思想政治教育所面临的又一问题。

二、基于新媒体矩阵的高校网络育人与传统网络环境的内容比较

随着新媒体工具和载体的不断发展，大学生网络思想政治教育内容逐渐开始得到拓展与充实，其体系不断完善，结构不断清晰，框架不断完整。以培养担当民族复兴大任的时代新人为根本导向的大学生网络思想政治教育内容，正依据网络载体的进步和大学生成长的变化，不断与时俱进、补充完善。在当代中国，习近平新时代中国特色社会主义思想是马克思主义中国化的最新成果，具有重要的理论意义和实践意义，能够有效地帮助大学生了解中国特色社会主义理论的时代价值和历史价值，帮助大学生抵制不良思想的侵蚀。大学生网络思想政治教育不仅在内容上与时俱进，在形式上也不断推陈出新，增加了许多契合"00后"成长经历和性格特征的教育形式、教育载体、教育内容，将高校网络育人与网络的发展和青年的成长充分结合起来，表现出系统性与片段性、政治性与大众性、主导性与多样性、时代性与稳定性等相结合的新特征，初步形成了一个相对完整、系统的内容体系。

（一）系统性与片段性相结合

大学生网络思想政治教育逐渐呈现系统性的特征。所谓系统性是指大学生网络思想政治教育不是一个碎片化的、凌乱的教育过程，而是一个纵向有机衔接、横向串联贯通的完整组合。大学生网络思想政治教育的展开，更是一个具有系统层次，尊重客观规律，循序渐进的过程。在这个过程中，大学生网络思想政治教育者根据受教育者的具体情况，在综合考量教育形式、教育内容的基础上，继而系统性、针对性地开展大学生网络思想政治教育，最大限度地发挥新媒体思想政治教育合力，从而实现教育的目标。此外，在大学生网络思想政治教育的系统性中还蕴藏着片段性的特征。由于每位大学生的成长经历、学习水平、情绪状态、心理状况等各不相同，所以大学生网络思想政治教育者要具体情况具体分析，选用合适模式，选择合适的内容，通过片段式地组织来形成最契合大学生当时时点状态的教育模式，进而增强大学生网络思想政治教育的有效性，提升大学生对于网络思想政治教育的认同感，满足其教育需求，解决其在思想上遇到的问题。

所以，系统性和片段性是大学生网络思想政治教育的两大有机元素，两者相互联系又相互区别。大学生网络思想政治教育以系统性为基础，通过不断组合、更新和灌输不同的片段，从而形成与时俱进的大学生网络思想政治教育体系。

（二）政治性与大众性相结合

互联网的高速发展，使网络空间的舆论斗争愈发激烈，这就迫切需要加强大学生网络思想政治教育。大学生网络思想政治教育归根结底是意识形态的教育，具有鲜明的阶级性和政治性。当前，大学生网络思想政治教育贯穿高等教育的全过程，无时无刻不在将党和国家的意志渗透到大学生的日常学习和生活中，从而帮助大学生树立正确的世界观、人生观、价值观。因此，要根据大学生网络思想政治教育的要求，对各类网络信息进行分类、整合，从而筛选出符合要求和国家需要的网络内容，继而形成合适的教育内容对大学生进行针对性教育。

然而，大学生网络思想政治教育并非只有政治性，随着互联网的发展，大学生的成长发生了巨大的变化，一味地灌输政治性内容往往会引起大学生的抵触与反感而无法实现其教育目的。互联网的匿名性和开放性决定了大学生网络思想政治教育具有大众性的特点。由于大学生在网络上可以方便地获取自己想要了解的内容，讨论自己喜欢的话题，所以，这加大了大学生网络思想政治教育的难度。大学生网络思想政治教育者在坚持教育政治性主导地位的同时，要保持教育的有效性，否则一切教育效果将无从谈起。所以，近年来教育者在不断总结教育过程和教育方法的同时，逐步形成了多种多样的教育方式。尤其是新媒体工具的广泛使用，更是给教育者提供了许多大学生喜闻乐见的教育形式和内容，通过这些充满大众性特征的教育形式和内容，可以有效吸引大学生的注意，从而降低其对政治教育的抵触态度，增强教育的效用，帮助大学生培养正确的政治观念，进而唤起其参与政治生活的兴趣，使其感受到主流价值观的魅力。

（三）主导性与多样性相结合

所谓主导性是指教育者通过网络将高校网络育人的主导作用发挥到极致，使马克思主义世界观和方法论成为大学生网络思想政治教育的旗帜。

大学生由于年龄小和成长阅历少，使其思想上欠成熟，缺乏一定的鉴别能力，但也正因此而可塑性较强。然而，在当前网络十分发达的情况下，在意识形态斗争十分复杂的虚拟环境里，大量的负面信息使大学生的主观意识形态受到了极大的影响。所以，必须坚持大学生网络思想政治教育的主导性，线上线下统一宣传习近平新时代中国特色社会主义思想，弘扬青春主旋律，将主流思想与传统文化相结合，从而演变产生灵活多样的高校网络育人内容，继而在坚持主流主导性的同时，提升大学生网络思想政治教育的有效性和针对性。此外，主导性的传承与发扬也离不开传统文化与多种媒介的支持，这就反映了大学生网络思想政治教育的另一大特性——多样性。多样性是指在大学生网络思想政治教育过程中，教育者可以选择多种多样的载体、内容、形式对大学生进行针对性教育，将主导内容包含于多样性之中，使之有机融合，从而使教育既不像高校课堂育人面对面传授那样烦琐与复杂，又不像传统大学生网络思想政治教育那样单调与枯燥，同时还能充分缓解大学生日常学习和生活的压力，使大学生可以自由选取自己所希望获取的知识。这样既坚持了大学生网络思想政治教育的主导性方向，又契合了大学生的性格特点，满足了大学生获取所需内容的要求，可谓一举数得。

（四）时代性与稳定性相结合

随着时代的发展和社会的进步，大学生网络思想政治教育内容也在不断地发生着变化。时代性已成为大学生网络思想政治教育的重要特征。时代性是指大学生网络思想政治教育要时刻紧跟时代发展，将富有时代鲜明特点和特征的内容融入日常的教育中，从而使大学生网络思想政治教育的内容更贴近大学生日常生活，进而契合大学生的思想实际，将教育的新思想、新观念、新观点、新知识、新信息以教育、感化、渗透等不同的形式传递给大学生。当然，教育的内容也不能始终在不断变化，这会使大学生网络思想政治教育的连贯性变弱，缺少系统性，从而使大学生无法完整地了解教育的宗旨和目标。因此，在大学生网络思想政治教育中，其指导思想、核心内容、基本目标等要素是相对稳定的，这是大学生网络思想政治教育的基础，尤其是在充斥各种内容的网络环境里，保持核心思想的稳定是大学生网络思想政治教育的重中之重。

三、基于新媒体矩阵的高校网络育人与传统网络环境的模式比较

当前，大学生网络思想政治教育方式已经由传统网络的单向灌输向新媒体时代的双向互动、即时互动转变。大学生在日常的学习和生活过程中，会不断受到外界环境的影响而发生改变，所以需要不断地更新学习内容，而传统、被动的灌输并不适合于此，这就需要将传统的学习模式更新为主动的学习模式，由此基于新媒体矩阵的大学生网络思想政治教育应运而生。梳理当前的大学生网络思想政治教育环境，我们可以发现，它是由思想政治教育者、信息、新媒体、大学生、效果、环境、反馈、负面影响等八个元素组成，这八个元素是动态的、变化的，符合当前新媒体环境的主要特点。

（一）单向灌输向双向互动转变

基于新媒体矩阵的大学生网络思想政治教育相较传统的网络思想政治教育，由于在传播通道、交流方式等方面有了突破性的进展，所以在教育方式方面有了明显的变化，由传统的教育者单向灌输向双向互动转变。高校网络育人者与大学生之间可以随时随地进行双向的互动交流。这种自由平等的教育方式不仅改变了传统的课堂灌输，而且可以使大学生更容易接受教育者的教育行为，从而提升教育的效果。

（二）直接型教育向发散型教育转变

由于互联网的开放性特点，传统的大学生网络思想政治教育方式发生了巨大的变化，开始由单向的固定式教育向开放的分散式教育转变。在当前复杂多元的社会舆情中，单向固定的灌输教育远远无法满足大学生的教育需求。高速、开放的传播数据链使教育模式变化成为可能，高校网络育人者可以根据教育需要、内容需要、大学生需要，在运用现代传播理论和教育理论的情况下，基于新媒体矩阵，制定灵活、开放的教育方案，化被动为主动，形成开放式的教育环境，从而满足不同个体情况的大学生的教育需求。

（三）页面式教育向多渠道教育转变

传统的网络思想政治教育多采取网站式教育、论坛式教育，而当代的大学生更为青睐私密的新媒体渠道，已经逐渐远离了传统的思想政治教育网站、校内网等网站平台，开始喜欢用微信、QQ等进行沟通，通过关注订阅号、今日头条等客户端来了解信息。"两微一端"新媒体已经成为大学生了解社会、学习知识的重要载体，思想政治教育者应基于新媒体矩阵，通过HTML5、短视频、快问快答等形式，吸引大学生的目光，使他们能够主动投入到思想政治教育的学习中。同时，一些线上的新媒体载体还与线下载体产生关联互动，形成线上线下交互式矩阵，带动线下志愿服务等思想政治教育活动。

四、基于新媒体矩阵的高校网络育人与传统网络环境的环体比较

教育环体是大学生网络思想政治教育的重要组成部分，也是高校网络育人者开展教育的环境。传统的大学生网络思想政治教育大多是通过网站宣传等阵地式的教育方式进行，这种方式在教育的过程中，往往只考虑了教育内容，而忽视了教育环境、教育反馈和教育效果，是一种被动的教育方式，教育效果一般也不佳。教育者采用这种方式开展教育往往不能与大学生产生有效的沟通，也不能及时了解教育的效果。新媒体的出现则有效地改变了这一局面。

（一）大学生网络思想政治教育者与大学生的思想互动更加开放

在互联网的时代里，大学生可以方便地在新媒体上获取信息、发布信息，也可以与其他人进行沟通。教育者因此应及时了解大学生的思想动态，即时运用一些合适的内容，引导大学生的思想发展，使其树立正确的世界观、人生观、价值观。一旦教育者与大学生的互动变得空前频繁，表明教育内容也就适合了大学生的需求。

（二）大学生网络思想政治教育者的教育时空多维化

时空的多维化是新媒体的特征所引发的。通过新媒体，大学生网络思想政治教育者可以摆脱地域和时间的限制，自由选择授课地点和时间，借助新媒体对大学生进行开放式的教育。大学生也可以充分运用移动端，自由选择喜欢的学习软件、学习方式进行学习。

（三）教育、教学、思想引导的立体式平台逐渐形成

新媒体矩阵为传统的大学生网络思想政治教育发展指出了新渠道和新方向。扁平的教育模式逐步走向立体化，高校建立了以校、院、班三级为主体的新媒体网络。同时，高校也开始重视通过多种渠道为大学生了解相关知识提供帮助。高校网络育人利用沟通、渗透的方法对大学生进行潜移默化的教育，可以提高教育的有效性，从而形成立体的全方位的教育环境。

五、基于新媒体矩阵的高校网络育人与传统网络环境的介体比较

教育介体是高校网络育人者开展教育工作的方式和手段，是大学生网络思想政治教育重要的组成部分。新媒体矩阵作为当前大学生网络思想政治教育工作最新的载体，可以最大限度地发挥各种新媒体的作用，能有效减少当前复杂社会环境对大学生的影响，从而可以较快地对大学生形成实时教育，帮助大学生及时走出困惑，树立正确的世界观、人生观、价值观。

（一）新媒体矩阵使大学生网络思想政治教育变得更加大众化

新媒体矩阵使大学生网络思想政治教育变得更加大众化。基于大学生的年龄层次和个性特征，大学生网络思想政治教育需要更加具备青年化、大众化的特点，使大学生可以在日常的生活中接受教育和引导，避免出现灌输式等为大学生所不喜欢甚至反感的模式。在新媒体矩阵中，教育者可以运用视频、影像等大学生乐于接受的形式，通过朴实无华的素材对大学生进行教育，正如 SMG 融媒体中心所拍摄的一系列纪录片等，通过真实朴素的故事、短小精干的形式、声色俱佳的手法培养大学生树立正确的世界

观、人生观、价值观。通过这些来自大众的故事和大众化的手法，为大学生输送正能量，培养他们形成健全的人格。同时，当前每个大学生都离不开手机，每部手机都或多或少地安装了一些新媒体软件，政府可以通过这些新媒体及时澄清一些突发事件，教育者也可以通过这些 App 及时了解大学生的思想动态并发起正面的讨论，从而引导大学生正确地认识问题，避免大学生因为认识局限、盲目跟风，而被一些不法分子所利用。大学生还可以通过这些大众化的渠道，以匿名的形式向教育者、同伴进行倾诉，化解自身的压力。

（二）大学生网络思想政治教育者与大学生之间主客体地位的嬗变

新媒体矩阵打破了传统的大学生网络思想政治教育单向的上下级教育模式，主客体之间的上下级关系变成了平等的相互沟通关系。在新媒体矩阵中，大学生网络思想政治教育者与大学生是平等的存在，教育者既是信息的发布者也是信息的接收者，大学生亦是如此，两者可以通过新媒体矩阵进行相互交流、相互沟通，而这两者又不是相对固定的，教育者与大学生可以是一对一的，也可以是一对多的，甚至教育者可以是一个群体、一个团队。大学生可以自由地选择需要学习的内容和需要请教的对象。同样，教育者面对的也不是固定的一位大学生，可以是多位大学生；教育者可以非常了解大学生，也可以完全不认识大学生，他们重新建立联系，进行即时沟通。这种平等、开放的教育渠道可以帮助教育者更好地了解大学生的需求，而大学生也乐于接受这样的教育，因此可以最大程度地发挥新媒体矩阵的特点，通过其多维的模式，将教育效果最大化。

（三）新媒体矩阵的集成传播优势和联动教育传播

介体的变化并非只有大众化与介体两端的变化，整合集成、联动运动也是介体变化的重要特征。所谓整合集成，正如上文中所阐述的，是新媒体矩阵的一大基本特征，其将矩阵中的新媒体组成适合教育的形式。由于新媒体矩阵所具有的自由组合和立体性特点，所以其可以自由地对矩阵中的各种新媒体媒介元素进行调整，从而暂时形成最佳的教育矩阵，进而对大学生进行教育。新媒体矩阵的这一强大的整合集成功能可以最大限度地发挥其聚合作用，将微信、微博、客户端、手机电视等软、硬载体的各种不同资源融合在一起，选取某一时刻、某一地点以最适合某人的方式进行输送，从而即时、正确地引导大学生。通过新媒体矩阵，我们可以将全国的教育资源进行汇总,多渠道、多维度、多方式地进行相互交叉和联动运动,以实现大学生思想政治教育者和大学生之间、大学生思想政治教育者之间、大学生之间的资源共享与交流互动。

（四）高校应积极地开发适合思想政治教育传播的专属新媒体矩阵

高校作为大学生学习和生活的主要场所,是高校网络育人的主阵地。大学具有优秀的教师队伍和丰富的教育资源,有助于建立健全高校网络育人新媒体矩阵。近年来,随着越来越多的高校意识到新媒体的重要性,由此推动着充满思想性、艺术性、趣味性的高校网络育人新媒体在高校中不断涌现,其中包含高校官方建设的、专业教师个人建设的、学生组织建设的、学生社团建设的,甚至还出现了部分学生个人建设运营的。这些新媒体来源于学生,取材于学生,了解学生的性格和特点,明白学生最想要了解的内容,将原先呆板的教育内容活泼化、生动化,将原先固定的、死板的内容通过视频等多种形式表现出来,甚至有些还融入了一些学生社团的表演等。这些都使传统的思想政治教育摆脱了原有的框架束缚,重新焕发了活力,也大大提高了学生关注、学习思想政治的积极性,有效提升了教育的实效性。

第二章　高校网络育人概述

第一节　高校网络育人的发展历程

从 1994 年我国全面接入互联网至今，网络育人工作经历了初步探索时期、快速发展时期和纵深发展时期三个阶段。

一、网络育人的时代依据

网络育人的产生和发展有着深刻的时代背景。"互联网+"时代、"网络原生代"时代、"媒体融合"时代等是网络育人产生和发展的社会根源。同时，网络育人也是学校立德树人的需要和网信事业发展进一步拓展教育领域、更新教育方式的必然趋势。

（一）"互联网+"时代

"互联网+"是在全球互联网高速发展的基础上产生的新业态。2015年，李克强总理在政府工作报告中首次提出"制定'互联网+'行动计划"，旨在通过把互联网与包括传统行业在内的各行各业结合起来，构筑经济社会发展新优势和新动能。2015 年 12 月，习近平主席在第二届世界互联网大会开幕式上的讲话强调："中国将大力实施网络强国战略、国家大数据战略、'互联网+'行动计划，发展积极向上的网络文化，拓展网络经济空间，促进互联网和经济社会融合发展。""互联网+"作为一种新的发展动力和引擎，在传统的各个行业领域掀起了创新发展的热潮。

在互联网快速发展的大环境下，没有哪个行业能够脱离互联网而孤立存在。我们要理解"互联网+"，首先要明白"互联网+各行各业"并不是简单的两者相加，我们可以理解为加速、创新，更多的是指动态的跨界融合。在"互联网+"时代，我们不能仅仅把互联网看成工具，而是让互联网实现动态的相加。"互联网+"的出现既是全球互联网快速发展的产物，也是"知识社会创新2.0"推动下的互联网形态的演进，还是互联网催生的经济社会发展新态势。当前，"互联网+"已经上升到国家战略高度，并且作为新时期各个行业创新发展的动力，有力地推动了社会政治、经济、文化及教育的稳定发展。对于"互联网+"内涵的界定，目前学术界还没有统一的说法，在已有的观点中，笔者较为认同的有三种：第一种观点认为"互联网+"就是运用互联网信息平台和信息通信技术，让互联网与传统各个行业有效融合发展，从而创造出一种新的发展生态；第二种观点认为"互联网+"本身代表着一种新的经济形态，即充分展现出互联网对社会发展各要素的优化和集成作用，将互联网深度融合进社会、经济、文化、教育等各个领域，形成更为广泛的以互联网为基础设施和实现工具的经济发展新形态；第三种观点认为"互联网+"就是充分发挥互联网在生产要素、管理要素中的优化、集成作用，通过技术进步、效率提升、组织变革、机制创新等方式促进社会生产力的发展，最终通过提升各个方面的协作性，形成更为广泛的以互联网为指导理念、基础设施和实现工具的经济发展新形态和国家治理新形态。综上所述，"互联网+"就是指基于互联网信息技术平台，尊重人类的现实需求，运用技术平台建立社会发展中各行各业的有效融合，最终在"互联网+"新时代、新环境中实现各个领域的突破和创新发展。

在"互联网+"时代，高校要通过互联网信息平台积极开展思想政治引导和理论教育，将网络育人贯穿于高校思想政治教育的全过程。网络育人的产生很大程度上归因于现代社会环境的变化及教育环境的改变。在这个信息技术高度发达的时代，网络几乎遍布于社会的每个角落并与各行各业密切结合，这使得"互联网+"成为时代发展的必然结果。由于网络的发展及现代教育环境的变化，我们亟须一种新的育人方式来满足时代发展的需要，由此网络育人登上了时代的舞台。可以说，网络育人是信息化背景下网络与教育需求相结合而催生出来的一种全新的育人形式。网络育人在网络环境下打造了一种全新的教育模式，提供了崭新的教育环境，它不仅丰富了教育内容、扩展了教育方法，而且创新了教育模式。因此，网络育人是时代的产物，更是教育发展的迫切要求。

（二）"网络原生代"时代

美国的约翰·帕尔弗里和瑞士的厄尔斯·加瑟将"网络原生代"命名为 digital natives，意为"90 后"这代人，一出生就处在一个网络无所不在的世界，对于他们而言，网络就是他们的生活，数字化生存是他们从小就开始的生存方式。由此可知，"网络原生代"是指在社交网络中满足自身需求并表现出相应行为方式的网络知识共享者，他们是网络伴随成长的一代，在参与网络交往中逐渐形成了自己的文化、语言和价值体系。

近年来，随着移动互联网时代的到来，网络社交媒体日益发达，为人们分享学习、工作和生活中的信息提供了新平台，从而加剧了人们对网络及社交媒体的依赖程度，也给社会发展和国家治理带来了新课题和新挑战。可以说，互联网已成为引领社会发展和时代潮流的强大驱动力量，深刻改变了我们的生活，也重塑了如今的传播生态。其中，社交网络更被称为社会精英、白领阶层等工作、生活和娱乐的"基础元素"。微博、微信和 QQ 空间等社交平台拥有庞大的用户，同时也鼓励用户之间频繁互动交流，比如互相点赞、评论、转发、上传照片、加标签、发起投票、发布事件、发私信和在线聊天等。在首届中国互联网移动社群大会上，腾讯 QQ 联合企鹅智酷发布了《中国移动社群生态报告》，报告显示，社交平台用户年龄主要集中在 10~29 岁，其中在校大学生群体是用户活跃度最高的社交平台用户。这些在校大学生群体多为"网络原生代"，他们从小就有能力、有机会、有条件接触到互联网，因此他们非常依赖互联网。"网络原生代"通常会在社交平台上与他人交流、分享他们觉得重要或者有用、有趣的信息、知识，即进行知识共享。他们具有身份虚实性结合、追求自我独立性、注重个人网络话语权等显著特征。

面对"网络原生代"时代，《教育部关于加强高等学校思想政治教育进网络工作的若干意见》明确提出："要根据教育环境和教育对象的变化情况，充分运用网络手段拓展思想政治教育的视野，用正确、积极、健康的思想文化占领网络阵地。"《高校思想政治工作质量提升工程实施纲要》提出，要"大力推进网络教育，加强校园网络文化建设与管理"。因此，我们要进一步加强对"网络原生代"时代大学生的思想政治教育，开拓"网络原生代"时代育人新渠道，发挥网络育人功能，提高高校思想政治教育的实效性和针对性，以适应"网络原生代"时代发展要求。

（三）"媒体融合"时代

2019 年 1 月 25 日，中共中央政治局第十二次集体学习把"课堂"设在了媒体融合发展的第一线，习近平总书记主持学习时强调，推动媒体融合发展、建设全媒体成为我们面临的一项紧迫课题，要运用信息革命成果，推动媒体融合向纵深发展，做大做强主流舆论。他还指出，全媒体不断发展，出现了全程媒体、全息媒体、全员媒体、全效媒体，信息无处不在、无所不及、无人不用，导致舆论生态、媒体格局、传播方式发生深刻变化，新闻舆论工作面临新的挑战。我们要因势而谋、应势而动、顺势而为，加快推动媒体融合发展，使主流媒体具有强大传播力、引导力、影响力、公信力，形成网上网下同心圆，使全体人民在理想信念、价值理念、道德观念上紧紧团结在一起，让正能量更强劲、主旋律更高昂。

在媒体融合发展时代，怎样提高媒体融合发展环境下的大学生网络思想政治教育实效性，是我们现在亟待解决的重要问题，更是提高网络育人成效的迫切需要。因此，我们要拓展网络平台，丰富网络内容，建强网络队伍，净化网络空间，优化成果评价，推动思想政治工作传统优势同信息技术高度融合，引导师生强化网络意识，树立网络思维，提升网络文明素养，创作网络文化产品，传播主旋律，弘扬正能量，守护好网络精神家园。总之，我们要发挥思想政治工作传统优势同信息技术高度融合的优势，推动网络育人工作深入发展。

（四）立德树人的需要

立德树人内涵丰富，意蕴深刻，博大精深。习近平总书记分别在 2014 年和 2018 年五四青年节北京大学师生座谈会上的讲话中给出了"立什么德、树什么人"的明确答案。立德就是让学生养成高尚的道德品行，以崇德修身作为为人处世之道。修德，既要立意高远，又要立足平实。习近平总书记在全国高校思想政治工作会议上强调"思想政治工作从根本上说是做人的工作，必须围绕学生、关照学生、服务学生"，教育学生要立志报效祖国、服务人民，这是大德，养大德者方可成大业。同时，从做好小事、管好小节开始起步，踏踏实实修好公德、私德。树人就是要培养践行社会主义核心价值观、弘扬中华优秀传统文化的德智体美劳全面发展的社会主义建设者和接班人。一是要培养学生忠于祖国和人民的情怀，把自己的理想同祖国的前途、把自己的人生同民族的命运紧密联系在一起，扎根人民，奉献国家。二是要培养学生执着的理想信念，让青年学生牢固树立共产主义远大理想和中国特色社会主义共同理想，把自己的理想同实现"两个一百年"奋斗目标和中华民族伟大复兴的中国梦结合起来。三是要培养学生扎实的本领，要让学生学习古今中外优秀传统文化、世界科学技术知识，培养创新思维和创新能力，扩展国际视野，掌握知识，丰富学识，增长见识。四是要让学生做知行合一的奋斗者。不论事业大小，都要脚踏实地、一点一滴地去做，只要有一分耕耘，就能有一分收获。2019 年 4 月 30 日，习近平总书记在纪念五四运动 100 周年大会上的讲话中提出："新时代中国青年要锤炼品德修为。人无德不立，品德是为人之本。止于至善，是中华民族始终不变的人格追求。我们要建设的社会主义现代化强国，不仅要在物质上强，更要在精神上强。精神上强，才是更持久、更深沉、更有力量的。青年要把正确的道德认知、自觉的道德养成、积极的道德实践紧密结合起来，不断修身立德，打牢道德根基，在人生道路上走得更正、走得更远。"

高校立身之本在于立德树人。2016 年 12 月 7 日，在全国高校思想政治工作会议上，习近平总书记指出："高校立身之本在于立德树人。"而如何真正做到立德树人，是摆在每一所高校面前的一大课题。他还指出："要坚持把立德树人作为中心环节，把思想政治工作贯穿教育教学全过程，实现全程育人、全方位育人，努力开创我国高等教育事业发展新局面。"立德树人是一项系统性工程，要坚持将立德树人贯穿于学校人才培养的全过程。我们要推行立德树人，必须按照习近平总书记提出的要求，以马克思主义理论为指导，适应网络社会发展趋势，以网络为载体开展育人工作；把思想政治工作放在首要位置，坚持正确的政治方向，建设高素质的教师队伍，形成高水平人才培养体系；不断改革、创新立德树人考核机制，通过网络的直观感受和潜移默化的影响，使立德树人的氛围像空气一样"散发"在大学校园的每个角落、像盐一样"溶化"在课程教学与育人环境之中。

立德树人是教育的根本任务。以习近平同志为核心的党中央，要求全面贯彻党的教育方针，坚持教育为人民服务、为中国共产党治国理政服务、为巩固和发展中国特色社会主义制度服务、为改革开放和社会主义现代化建设服务，把立德树人作为教育的根本任务，培养德智体美劳全面发展的社会主义建设者和接班人，以解决好"培养什么人，怎样培养人，为谁培养人"这个根本问题。2019年3月18日，习近平总书记在学校思想政治理论课教师座谈会上强调，新时代贯彻党的教育方针，要坚持马克思主义指导地位，贯彻新时代中国特色社会主义思想，坚持社会主义办学方向，落实立德树人的根本任务，坚持教育为人民服务、为中国共产党治国理政服务、为巩固和发展中国特色社会主义制度服务、为改革开放和社会主义现代化建设服务，扎根中国大地办教育，同生产劳动和社会实践相结合，加快推进教育现代化、建设教育强国、办好人民满意的教育，努力培养担当民族复兴大任的时代新人，培养德智体美劳全面发展的社会主义建设者和接班人。

网络育人是贯彻立德树人的重要工作，在开展网络育人工作中要坚持把立德树人作为重要内容，让青年人学习知识、增长才干、放飞梦想，培养德智体美劳全面发展的社会主义建设者和接班人。今天的学生就是未来实现中华民族伟大复兴的中国梦的主力军。青年兴则国家兴，青年强则国家强，青年一代有理想、有本领、有担当，国家就有希望，民族就有前途。中华民族伟大复兴的中国梦终将在一代代青年的接续奋斗中变为现实。立德树人作为网络育人的主要内容，是网络育人工作有效进行的重要法宝。

（五）网信事业的发展必然推动高校网络育人的开展

网络育人工作受到重视是网信事业发展的必然结果，践行新发展理念是网信事业发展的总要求和大趋势。创新是网信事业发展的根本动力，协调是网信事业发展的重要使命，绿色是网信事业发展的基本要求，开放是网信事业发展的必由之路，共享是网信事业发展的内在追求。当前，在网信事业的发展过程中，我们应该坚持以新发展理念为指导，把新发展理念贯彻落实到网信发展的全过程，正确引导网络舆论，营造一个积极向上的网络空间，为网络育人工作的开展提供良好的网络环境。习近平总书记在网络安全和信息化工作座谈会上强调，网信事业要发展，必须贯彻以人民为中心的发展思想。我们要把控网络的发展，让其服务于人。

网信事业的发展，必然推动高校网络育人的开展。随着网信事业的发展，人们的生活发生了翻天覆地的变化，其中最直接的变化是人们获取信息变得方便、快捷，人们更愿意在网上寻找信息资源、进行社交活动和表达观点，且所进行的活动不受时间和空间的限制。互联网给教育改革与发展带来了新机遇，边界限制被不断打破，信息的传递与接收形式不再受时间、空间的限制。网信事业的发展为提高网络育人的人才培养质量和创新培养模式提供了平台。随着人们每天用于网络的时间不断增加，网络在不知不觉中慢慢渗透到了人们的生活中，变成了必不可少的一部分。与此同时，我们要结合网信事业发展的趋势开展网络育人的各项细致工作，使人们在使用网络的过程中进行学习、感化、提升，让人们受到潜移默化的影响。这不仅推进了网信事业的发展，也进一步提高了网络育人工作的有效性和实效性。

（六）大数据应用的时代机遇

大数据是指所涉及的数据资料量规模巨大，以至于无法通过人脑甚至主流软件工具在合理时间内撷取、管理、处理并整理成为帮助人们实现决策目的的资讯。当前大数据增长速度快，犹如原子弹链式反应一样，以微博、微信为例，作为网络时代的新媒体，微博与微信在以"裂变"传播方式传播信息的同时，也在以几何级的增长速度不断制造和产生着新的数据信息。在大数据背景下，大学生很容易受到网络环境的影响，思想观念容易受到冲击，容易被一些网络不良事件影响正确价值观的形成。因此，高校应高度重视新媒体平台的建设和发展，重点建设"两微一端"，充分意识到新媒体平台的重要性，利用微信、微博、App客户端等网络平台积极培育和践行社会主义核心价值观，卓有成效地宣传党和国家的方针政策。当前正处于大数据发展时代，想要推动网络育人发展，大数据分析作为重要的辅助工具必不可少。习近平总书记指出，网络空间天朗气清、生态良好，符合人民利益。我们要综合运用各方面掌握的数据资源，加强大数据挖掘分析，更好感知网络安全态势，做好风险防范。大数据分析为网络育人提供整体的网络现状分析，方便网络育人工作者制订育人计划。同时，大数据分析的应用也顺应了时代机遇，为网络育人提供了机遇，因此我们要不断提高大学生的思想觉悟、道德水准、文明素养，提高社会的文明程度、民族的凝聚力，我们的国家才能走得更远，我们的民族才能更加自信地屹立于世界民族之林。

在大数据时代背景下，思想政治教育大数据的应用和教育方法趋向定量分析和数据化，这些为高校网络育人带来了机遇和挑战。在这个过程中，只有不断地加强学生的思想道德建设，才能牢牢掌握高校意识形态的领导权和话语权。高校要建立大数据教育研究中心，搜集前沿的信息，统筹管理、综合分析，为网络育人工作提供前沿指导，不断开拓创新力。高校作为以大数据为中心的教育基地，应该协同各二级学院、职能部门，共同建立起网络思想政治教育的学习平台，建立"思想政治教育数据库"，统筹分析、充分利用大数据技术优势，把握学生的思想动态、行为特征，整理出学生在学习、践行社会主义核心价值观方面存在的问题，利用大数据对学生思想行为进行整体分析，找出具体的教育方案，如开展专题讲座、竞赛活动、板报宣传等，使学生有步骤、有针对性地进行学习、理解，以潜移默化的方式引导学生，培养学生的自觉性和社会责任感，从而正确引导学生的思想行为。大数据时代为教育的转型发展提供了新的出路和机遇，不仅改变了教师的教学方式、教学理念，也改变了学生的学习方式，同时全面提高了教学的网络化、智能化水平，助力网络育人工作，有利于提高我国的教育发展水平。

二、初步探索时期

1994—2000 年是中国互联网发展的起步阶段，也是高校网络育人的初步探索时期。总体来看，不同类型高校的互联网建设和发展水平虽然并不均衡，但它们都意识到互联网与信息时代到来将改变高等教育的整体面貌和走向。因此，这一时期的国内高校都进入到互联网软硬件设施的初步建设阶段，网络育人工作也伴随着互联网发展应运而生。

一方面，国内大部分高校师生开始接触互联网，借助互联网所提供的海量信息和国际化的交流模式提升个体的学习和认知能力。20 世纪 90 年代中后期，国内许多高校的大学生开始自发组建校内局域网，初步形成校内学生发布和交流信息的平台。1995 年 8 月，水木清华 BBS（Bulletin Board System，简称 BBS）网站开通，这是国内第一个国际互联网上的 BBS 站点，BBS 成为国内高校师生发布和交流信息的重要平台。应该说，在互联网时代，大学生群体在网络使用上表现出一种超前性，他们对互联网具有强烈的好奇心和热情，对其应用价值极为敏感，具有强烈的网络使用意识。

另一方面，面对海量的互联网信息，高校师生群体也感受到来自网络信息的多变性、多样性和复杂性，这些信息改变了高校思想政治工作的育人环境，既给高校思想政治工作者提供了新的机遇，也为这一群体带来了强烈的冲击和挑战。总体来看，网络育人工作所面临的挑战具体表现在以下三个方面：（1）互联网作为一个新兴事物，部分高校思想政治教育者对网络知识和技术的了解需要一个过程，短时间内无法具备完善的信息素养，因此对于大学生的网络行为和心理特点缺乏足够的认知和准确的判断。（2）由于网络信息的快速传播与信息接收主体间的无序交流模式，使得高校思想政治教育工作的信息来源的权威受到极大的挑战；加之网络监管技术的缺乏，校方对于网络传播的不良信息的有效控制变得更为困难。（3）大学生在网络空间中受到来自不同国家和地域文化的影响，社会主义核心价值观作为主流意识形态，如果无法形成网络引导的合力，势必导致正面宣传教育缺乏吸引力和影响力。

从总体上来看，这一时期我国高校网络育人工作体系和工作机构处于初创阶段，在机构设置、宣传平台、资金保障、人员配备等方面都缺乏系统性的工作布局。与此同时，网络的"负面效应"初露端倪，如何应对网络社会所带来的"负面效应"问题，特别是网络对大学生政治观念、道德判断、心理行为层面的影响等问题，开始引起大家的重视，高校思想政治教育工作者也开始关注这一问题。

部分学者呼吁在国家层面建立健全法律规范，建立有害信息控制与审查机制，防止不良信息进入校园网络。同时，高等学校也提出要进一步加强对学生网络行为的管理，对大学生的思想政治教育和行为加大工作力度，依托网络平台开展正面的宣传教育活动。

在网络育人工作的初步探索时期，我国高校在校园网的基础设施建设方面都取得了一定的进展，为网络育人平台的建设奠定了坚实的基础，网络育人工作的总体布局基本形成。同时也应当看到，这一时期网络育人工作的手段还比较单一，虽然各高校制定了一些网络管控措施，希望引导和规范大学生的网络行为，但被动式的网络审查和控制手段无法适应网络环境的特点，从某种程度上削弱了网络育人的效果。

三、快速发展时期

2001—2006 年是高校网络育人的快速发展时期。进入 21 世纪，随着国家对高等教育的投入增加，高校信息网络软硬件建设逐渐成熟，多数高校开始全面推进以服务教学、办公为主体的校园网建设。高校网络育人体系也逐渐完善，专业化的网络育人机构和人员逐步建立和配备，网络育人的专项资金保障基本到位。2004年，中共中央、国务院印发《关于进一步加强和改进大学生思想政治教育的意见》，明确提出要全面加强校园网的建设，使网络成为弘扬主旋律、开展思想政治教育的重要手段。此后，各高校都将网络思政工作摆在突出位置，不断完善网络管理制度，加强网络育人工作队伍的培养，深入分析网络思政工作的规律，着力增强高校网络思政工作的实效和感染力，构建高校网络思政工作新体系。这一时期，校园网真正主动地承担起思想政治教育功能，特别是校园网上建立起的各类"红色网站"，形成了以传播马克思主义理论为主要任务的舆论宣传阵地。2004年10月，教育部召开了高校校园网络信息建设与管理工作会议，提出各高校必须着眼全局，进一步加强校园网络信息化建设，研究部署新形势下如何开展高校校园网络信息的建设、管理与服务工作。2004年12月，教育部、共青团中央印发《关于进一步加强高等学校校园网络管理工作的意见》，对进一步加强网络思想政治教育阵地建设提出了三点意见：一是建设思想政治教育专题网站，构筑高校网络思想政治教育重要阵地；二是建设校园主网站，构筑大学生获取信息、学习知识和交流思想的主流网络平台；三是掌握校园网舆情，引导网上舆论。各地高校认真落实教育部、共青团中央的要求，由各高校党委牵头，在组织架构、队伍建设、经费保障等方面逐步形成有效的管理机制。2004年，"中国大学生在线"正式开通，在教育部的主导下，发挥思想政治工作队伍的优势，利用校内外的各类资源，服务青年大学生的成长成才。在此之后，上海地区的"易班网"、清华大学的"红色网站"、同济大学的"同济方舟"等校园网陆续建立，通过资讯播报、网络课程、风采展示等方式，把教育和管理融入网络平台，以潜移默化的方式实现网络思想政治教育的目标。

在高校网络育人的快速发展时期，一方面，各高校的BBS成为校园内外信息交流的重要平台，与学生学习和生活相关的信息许多都活跃在校园BBS的专题栏目中，为校内外师生的学习和工作提供了便利，也为大学生讨论社会热点问题提供了交流平台。另一方面，由于各高校校园网的快速发展，导致校方对网络信息的监管存在一些盲点，对网络信息的反馈具有一定的滞后性。在管理实践中，一些虚假信息、不良信息的无序传播，较易造成校园内群体性事件的发生。随着校园网络建设从高速发展转入稳定状态，高校网络育人的理论不断创新，相应管理实践逐渐进入了精细化的新阶段。此时，研究者更加关注网络空间给高校思政工作带来的机遇和挑战，高校思想政治工作开始从过去管理控制的单一被动的方式，转为现在主动走上网络、积极回应舆情热点的方式，通过疏导和引导的方式主动开辟高校网络育人的新阵地。

四、纵深发展时期

2006年至今是高校网络育人的纵深发展时期。这一时期，我国高校的校园网络建设已基本完成并初具规模，校园网络不再仅仅局限于发布信息，网络化、数字化的趋势更为明显。这一时期，随着智能手机的广泛使用，移动互联网使用者成为互联网使用主体。

移动互联网的广泛使用，正在逐渐改变在校大学生的思维方式、交流范式与行为模式。与过去十年相比，高校思想政治工作者面临着前所未有的挑战。这一时期，各高校已经充分认识到互联网发展对于高校育人环境的深刻影响，开始着力建设基于移动互联网背景下的公众网络平台，进一步加强和改进高校网络育人，不断适应网络发展的脉络，优化育人环境。

与此同时，积极营造良好的校园网络文化环境和网络舆论环境，成为这一时期高校网络育人工作的重点内容。

（一）各高校普遍建立了线上与线下育人工作的紧密联系

这一时期，互联网已经成为在校大学生学习和生活的重要组成部分，网络空间与大学生的日常学习、社会工作、人际交往密切联系，高校网络育人工作开始将网上和网下结合，通过育人形式和内容的创新，使高校网络育人工作贴近实际、贴近生活、贴近学生，增强时代意识，拓展和改变传统观念中的工作职能，主动、自觉地深入到网络环境中发挥作用。

（二）形成了基于网络空间的教育者与受教育者之间更为平等的交流互动方式

快速发展的互联网正在改变信息传播与人际沟通的方式。一方面，传统社会的单一信息源已经被互联网彻底打破，教育者不能够再以"垄断"的方式掌握知识与信息，传统的说教式、灌输式的思想政治教育方式已不适应时代发展的要求，教育者与被教育者之间形成了一种全新的交流沟通模式。另一方面，这一时期的在校大学生是伴随着互联网的快速发展成长起来的一代，他们的思维方式、个性心理、行为方式、话语体系等都发生了巨大的变化。因此，作为高校思想政治教育工作者，必须主动适应网络平台的新特点，在继承传统思政工作优良传统的基础上，创新教育理念和内容，创新工作体制、机制和手段，转变思政工作的思维方式，转移思政工作的主战场，增强网络思政工作的吸引力、说服力和感染力，以增强思政工作的针对性与实效性。

（三）网络空间中的意识形态斗争更为激烈

传统思政工作的意识形态斗争往往采取线下组织与动员的方式开展。这一时期，校园网络已经成为新时期意识形态斗争的重要阵地，高校意识形态斗争已经形成线上宣传、组织、动员，线下迅速联动的模式。客观而言，网络平台一方面为大学生提供了海量的信息，使大学生能够在海量信息中享受互联网的"自由"；另一方面，由于网络信息良莠不齐、真伪难辨，部分大学生缺乏辨别能力和价值判断能力，很容易被不良信息误导，从而形成错误的世界观、人生观和价值观。因此，这一时期网络育人的核心目标就是始终坚持马克思主义在思想意识形态领域中的指导地位，思想政治工作者要更加主动地占领网络阵地，及时回应现实矛盾与问题，纠正网络上的错误思想，充分运用网络思想政治教育的优势，确保校园意识形态的安全。

第二节 高校网络育人的重要意义

一、有助于形成意识形态的网络主导机制

意识形态工作是党和国家工作的重要组成部分，在中国特色社会主义事业全局中具有重要地位。习近平总书记指出："要牢牢掌握意识形态工作领导权，建设具有强大凝聚力和引领力的社会主义意识形态。"互联网的快速发展极大地改变了思想政治教育的环境，由此带来的多元价值观对社会主义主流意识形态的塑造、对大学生的价值判断和价值选择，产生了

或多或少的影响。不可否认的现实是，一直以来，一些不法分子不断利用互联网传播不良价值观，企图淡化和消解中国特色社会主义核心价值观，极大地威胁着国家的意识形态安全。2018年，在全国网络安全和信息化工作会议上，习近平总书记强调，要加强网上正面宣传，旗帜鲜明坚持正确政治方向、舆论导向、价值取向。他同时指出，要推进网上宣传理念、内容、形式、方法、手段等创新，把握好时度效，构建网上网下同心圆。可以说，当前及今后很长一段时间，互联网将成为国内外敌对势力争夺青年、影响青年的新阵地。从某种程度上说，失去网络阵地上的话语权，就失去了对青年价值观的引导权。因此，加强和改进高校网络育人工作有助于形成意识形态的网络主导机制，及时抢占网络舆论引导的阵地，最终确保国家意识形态安全。

一方面，高校思想政治教育工作的核心和关键就是用马克思主义的科学理论来观察、分析和解决意识形态领域的矛盾和问题。高校思想政治教育工作是党的思想政治教育的重要组成部分，党的思想政治教育理论指导着高校思想政治教育工作的开展。我国的高校思想政治教育工作始终坚持马克思主义的方向，在不同的历史时期，高校思想政治教育工作理论与实践始终是一脉相承的。在思想政治教育的目标上，高校思想政治教育工作者始终把促进人的全面发展、培养社会主义事业的建设者和接班人作为高校思想政治教育的目标。

另一方面，当前网络信息的传播呈现多变性，必须有效把握其变化规律，才能做好高校网络育人工作。20世纪90年代以来，随着信息通信技术的快速发展，网络已经成为影响和改变人们思维和人际交往方式的重要力量。2010年以来，以手机为载体的移动互联网、微博、微信等新媒体的广泛使用拉开了"移动互联时代"序幕，各类信息的传播速度更快、范围更广，传统模式下数以亿计的信息受众已经迅速转变为信息传播主体，一条信息一旦进入网络空间，就可能会在短时间内以惊人的速度为全球网民所共享。可以说，网络信息传播的多变性将思想政治教育推至一个更为开放的环境中。高校开展网络育人工作必须思考如何在不断变迁、纷繁复杂的网络媒体中将极可能被"扭曲"的信息及时"矫正"，如何借助网络媒体增强思想政治教育的实效性，以及如何有效把握网络媒体变化的规律。

二、有助于营造高品质的校园网络文化氛围

在互联网时代，高校要充分认识到网络文化建设在大学生思想政治教育中所发挥的重要作用，必须加强网上思想文化阵地建设，净化校园网络环境，充分发挥校园网络文化的育人功能。

（一）实现校园网络文化育人功能是加强高校思想政治工作的重要体现

校园网络文化是校园文化在互联网时代的产物，是网络信息技术作用于校园，以微信、微博、论坛等数字化互动媒体为载体，师生员工共同参与，以发送和接收数字化信息为核心内容的文化。怎样把握校园网络文化的特征，有效地发挥校园网络文化的育人作用，不断提高校园网络文化育人水准，是加强和改进新形势下高校思想政治工作急需解决的重点和难点问题。中共中央、国务院印发的《关于加强和改进新形势下高校思想政治工作的意见》中指出，高校要加强"两微一端"建设，运用大学生喜欢的表达方式开展思想政治教育，它要求校园网络育人工作必须在内容、方式、方法上不断创新，与校园文化相结合增强时代性和针对性，形成以社会主义核心价值观为主导的积极向上的校园网络文化，增强校园网络文化的传播力、引导力和影响力，形成校园文化与网络文化的合力，提升网络育人的实效。

（二）实现校园网络文化育人功能是实现高校人才培养目标的重要举措

大学生正处于世界观、人生观、价值观形成的关键时期，同时，这一群体也最容易受到各种不良信息的侵袭。因此，加强校园网络文化建设，维护网络意识形态安全，及时清理不良网络信息，为大学生形成正确的世界观、人生观和价值观营造良好的校园文化环境，是当前高校网络思想政治工作的重要任务之一。为了进一步落实中央关于做好校园网络文化建设的指示精神，在教育部的指导下，2018年全国高校思想政治工作网正式开通上线。建设全国高校思想政治工作网既是教育战线深入贯彻落实全国高校思想政治工作会议精神、全面落实《高校思想政治工作质量提升工程实施纲要》的要求，也是教育战线创新网络育人工作的重要举措。

（三）实现校园网络文化育人功能是提高人才培养质量的必然选择

在网络时代背景下，高校思想政治工作之根就是坚持正确的办学方

向，立足国情，扎实办好中国特色社会主义高校，培养社会主义事业的建设者和接班人。习近平总书记在全国高校思想政治工作会议上的讲话，进一步明确了中国特色社会主义高校的办学方向：必须坚持以马克思主义为指导，全面贯彻党的教育方针，坚持不懈传播马克思主义科学理论，抓好马克思主义理论教育，为学生一生成长奠定科学的思想基础。高校要坚持办好中国特色社会主义高校，就要在思想政治教育工作中做好意识形态工作，坚持马克思主义的指导，保证高校的社会主义发展方向，以培养社会主义事业的建设者和接班人为根本目标。这就要求高校党委要进一步加强网络思想政治工作的全局谋划，充分认识校园网络文化的育人作用，加强校园网络文化建设。以广东地区高校为例，近年来广东各高校依托共青团组织，构建"互联网+"新媒体阵地，拓展思想政治工作新空间。高校要走近青年大学生，充分发挥网络新媒体的作用，把新媒体作为引领当代大学生思想的突破口，牢牢把握网络舆论的领导权和主动权：一是打造红色教育新媒体平台，依托各级团委、学生党支部等微信公众平台或创新平台，通过设置专栏等方式，定期推送红色教育知识，创新内容与形式，多推出党员和团员青年喜闻乐见的内容。二是组织网络微课、微视频制作和展示活动，既可以呈现思想理论知识教育，又可以主题性地呈现校园文化和社会生活的方方面面，丰富校园网络文化资源与文化产品，营造积极向上、有青春活力的校园网络氛围，使网络思想政治工作更加贴近青年，更加接地气，从而更好地服务青年。

三、有助于形成舆情反馈与危机疏解机制

近年来，党和国家各方面工作取得了重大成就，但随着改革走向深水区，社会发展过程中存在的矛盾和问题逐渐显现。

网络环境的传播特点使得舆情信息的传播速度变快，受众在还不了解突发舆情事件的真实情况下，往往会受到虚假信息误导，网络信息传播中诸多负面信息直接影响着大学生世界观、人生观与价值观的形成。如果大学生对负面信息的鉴别能力不强，将影响其主流意识形态建构。这就要求思想政治教育的理论研究和实践工作者能够及时了解社会矛盾产生的源头、客观分析社会矛盾发生的机理，采取积极有效的措施，通过网络载体引导大学生正确评价社会矛盾的主次方面，树立社会责任意识。做好高校

网络育人工作，有助于形成良性的舆情反馈和危机疏解机制，避免校园群体事件演变为社会不稳定事件。

2018 年 3 月，教育部召开全国学校安全工作会议，强调要认真贯彻落实党中央、国务院关于学校安全工作的决策部署，牢固树立安全发展理念，切实把校园建成最阳光、最安全的地方，确保教育系统的安全、稳定、和谐；必须把安全工作摆在教育强国建设更突出位置，时刻把广大师生生命安全放在第一位。这就要求各高校认真分析学校安全工作出现的新情况、新特点、新问题，关注新兴安全领域，认清外部势力对我国国家主权和政治安全的严重威胁。同时，高等教育主管部门要及时掌握教育舆情主动权，引导舆论理性表达，营造良好舆论生态，强化信息化治理，实现网络和信息安全可管可控。同时，各高校应当建立预警与应急处置系统，创建科学网络舆情预警、应急处置机制。为此，必须借助新媒体网络平台主动发布信息，引导舆论正确方向，建立突发事件化解机制，构筑良好的舆论氛围。

四、有助于保障国家安全稳定

2014 年，习近平总书记在中央网络安全和信息化领导小组第一次会议上的讲话中指出，"网络安全和信息化是事关国家安全和国家发展、事关广大人民群众工作生活的重大战略问题，要从国际国内大势出发，总体布局，统筹各方，创新发展，努力把我国建设成为网络强国"。网络安全是当下我们党和国家非常重视的一项重大工作，它事关国家的安全、稳定和发展，我们要坚持总体国家安全观，以安全促稳定，以稳定促发展，保证经济社会的良性运行。网络作为新型的阵地，我们应该加强监督和管理，以确保网络空间的稳定、有序发展。但是近年来，由互联网技术的发展和网络的使用普及化而引起的负面网络舆论、网络暴力事件层出不穷，并开始作为一种新生势力影响着国家的安全稳定。2018 年，习近平总书记在全国网络安全和信息化工作会议上强调，"没有网络安全就没有国家安全，就没有经济社会稳定运行，广大人民群众利益也难以得到保障"。互联网时代，网络信息安全与国家安全息息相关，是经济社会得以稳步推进的重要保障。随着网络信息化社会的发展，以及网络使用的频繁化，现实社会事件被放到网络上变得普遍化，导致网络舆论频发，网络暴力现象激增。

面对这类现象的出现，如果思想政治教育者不能及时进行正确引导，对于当前的大学生而言，极易出现认识不清，容易被错误的网络舆情引导，从而出现错误的思想观念和行为。因此，迫切要求教育者加强网络育人工作，保障国家安全稳定。

推进高校网络育人工作既是高等教育事业发展的重要组成部分，也是推动社会主义文化大发展大繁荣的重要工作。在政府方面，一方面，要提高对网络安全的认识，它是直接事关广大人民群众生活、工作安全的首要问题，要坚持以习近平总书记关于网络强国的重要思想为指导，按照总书记的指示贯彻落实，从国内互联网发展的大势出发，以创新为引领，坚决打赢网络安全攻坚战，加快构筑国家网络安全屏障。另一方面，要不断完善《中华人民共和国网络安全法》，制定相关的网络法律法规，加强网络监管和监督，规范网络空间，通过开展进校园、进社区的网络安全知识的宣传工作，不断提高学生的网络安全意识，为学生营造一个健康、稳定、有序、和谐的网络环境。在学校方面，作为网络教育工作者，首先要引导学生正确使用网络，不在网络上发布一些不当言论，或是转发一些危害社会安全的帖子。其次，网络教育工作者要通过一些身边实例或时事热点，给学生分析国内外大势及强调网络安全事关国家安全的重要性，培养学生的爱国情怀，从而认识到网络安全的重要性。要利用高校育人工作网络，为学生建设一个互联互通、相互学习的网络学习平台，培养学生自觉树立正确的网络安全观，自觉遵守网络安全法则，增强自身辨别是非的能力，做到理性上网。齐头并进加强网络育人工作是创建一流大学、培养一流人才、推动校园文化大发展的迫切要求，也是占领思想文化阵地、保障国家安全稳定、确保信息安全、维护校园和谐的现实需要。推进高校网络育人工作是保障校园稳定，进而保障国家安全稳定的重要举措。

五、有助于培养人才，促进经济发展

习近平总书记在庆祝改革开放 40 周年大会上发表重要讲话时指出，坚持创新是第一动力、人才是第一资源的理念，实施创新驱动发展战略，完善国家创新体系，加快关键核心技术自主创新，为经济社会发展打造新引擎。经济发展必不可缺的重要因素是人才，人才又是经济社会发展的第一

资源，而网络育人工作的目的在于育人，在于培养人才。所以，通过网络育人工作培养人才是当下促进经济发展的一大措施，它也是经济发展的客观需要。

首先，建设现代化经济体系要把人才放到首要位置，把人才作为经济发展的第一资源。无论是科技竞争、企业竞争，还是综合国力竞争，归根结底是人才竞争，在推动经济发展的各种资源中人才是第一位的，市场经济要取得新突破、大发展，人才是第一要素。在市场经济条件下，要想在激烈的市场竞争中抢占先机，变被动为主动，就得拥有一支高素质人才队伍，因此要充分利用网络资源加大对人才的培养，特别是在进行经济发展的资源配置时，要把人才培养作为重要举措，把人才资源放在首位，这符合社会主义市场经济发展的内在要求。

其次，加快经济发展方式转变也要求把人才资源放在首位。经济发展方式的转变要求产业结构的优化升级，而人才资源可为其提供发展动力和坚实基础。当前，网络的发展及网络技术的不断更新应用，给产业结构的升级和经济发展方式的转变带来了巨大影响，并由此催生了一系列新兴产业。这一系列变化和成就，都是由各类人才共同努力创造出来的。当前我国正处在经济发展方式转变的重要阶段，我们要充分发挥人才资源的引擎作用，通过网络育人加大对人才资源的开发和利用。

最后，科学发展要以人才为基础。要坚持以人为本，把人才作为第一资源，尊重劳动、尊重知识、尊重人才、尊重创造，把网络育人和"四个尊重"结合起来。坚持人才资源的优先发展，是坚持以人为本、实现科学发展的关键，也是重视人才资源的具体体现。站在对国家和民族未来发展负责的高度，利用网络，发挥网络育人优势，做好网络育人工作，积极调动各方资源为培养人才提供帮助，有利于调动各类人才的积极性、主动性和创造性。同时，这也是响应科教兴国战略和人才强国战略，推动经济社会的发展，实现中华民族伟大复兴的中国梦。

一个国家的经济发展水平在一定程度上反映了这个国家的教育水平，所以教育的发展与经济的发展密不可分。教育和经济是相辅相成、相互促进的。经济基础决定上层建筑，经济实力是制约教育发展的重要因素，一个国家的经济发展水平制约着教育发展的规模和速度，制约着教育发展的质量。经济的发展为教育提供资金支持，改善教育基础设施。同时，教育对经济发展也起着推动作用，教育在促进劳动力素质的提高、科学技术的发展，以及政策、法律法规、制度的创新等方面起着重要作用。

网络育人工作要以国家的教育方针为指导，深入贯彻落实科教兴国战略、人才强国战略，利用网络平台发展教育事业，延伸教育发展的深度和宽度，致力于提高国民素质，为中国特色社会主义的发展培养人才，充实人才力量，从而推动经济社会的发展。网络育人工作的推进，要在坚持以经济建设为中心不动摇，大力发展社会主义经济的同时，大力发展社会主义文化，重视社会主义文化建设，避免我们在经济社会发展的过程中被落后文化所阻挡，被腐朽文化所侵蚀，从而给了敌对势力进行文化渗透和扰乱社会秩序的机会；避免人们陷入信仰危机，出现思想混乱和信任缺失，使得社会主义现代化建设和中华民族伟大复兴的中国梦不能沿着中国特色社会主义的道路健康前行。

网络育人工作任重道远，必须结合经济发展的状况，立足于当下实际情况，制订相应的实施计划。近年来，互联网的迅猛发展对经济的发展起到了巨大的推动作用，经济发展面临大变革，迎来了更多的机遇和挑战。经济发展对人才的需求不断增多，对人才质量的要求也越来越高，同时也对高校的人才培养提出了更高的要求，青年大学生的成长成才有了更高的标准。高校网络育人可以说是学校教育对科学知识的再生产，对受教育者进行理论知识的灌输，再加上校园文化、网络文化的潜移默化的影响，从而把可能的劳动力转化为现实的劳动力，为经济发展提供强大动力。网络育人工作的开展顺应了网络时代发展的需要，既是在为经济发展培养中坚力量，也是在为国家的发展培养后备人才队伍。只有进一步推进网络育人工作，重视人才的培养，不断提高大学生的自主创新能力，才能积攒人才力量，助推经济社会的进一步发展。

六、助力大学生成长成才

网络环境的状况、网络育人工作的效果直接影响着大学生的成长成才。随着 QQ、微博、微信等网络平台的兴起和广泛使用，传统的思想政治教育面临着前所未有的挑战，其局限性也日渐凸显。网络作为大学生每天都会接触的虚拟空间，从微观上看，可以理解为大学生学习的网络平台；从宏观上看，可以理解为网络虚拟世界。无论是微观还是宏观，网络环境对大学生的思想观念、价值判断、行为习惯等都会产生重要影响。所以，必须重视网络育人工作，并不断探索网络育人的生成机制和实现路径。

网络育人着眼于以互联网技术为核心的新技术给高校思想政治教育带来的机遇和挑战，是基于马克思关于人的全面发展理论和思想政治教育规律的研究，符合当前大学生对未来自身发展的需求和成长的要求，是推进网络思想政治教育工作的必备流程。与传统的课堂教育方式相比，网络育人有其鲜明的特点。网络是一个大资料库，资源丰富，在网络上查找资料快速、便捷，大学生可以不受时间和空间的约束，随时随地学习，有利于大学生利用碎片化时间进行学习，这不仅方便了思想政治教育者的授课，还丰富了大学生自主学习的手段，有利于大学生的成长成才。

在网络时代，大学生的成长成才面临着新挑战。网络文化作为一种新生的文化形态日益展示出其特有的力量，这将会对大学生的意识形态和主流价值观产生影响。青年大学生还处于世界观、人生观、价值观形成的重要时期，他们的思想、价值观、思维方式还未成熟，极易受网络文化的影响。所以，切实推行网络育人工作，加强网络文化的建设，为大学生营造积极向上的网络文化空间，不断提高大学生在网络空间的认知能力、辨别能力，是网络育人工作助力大学生成长成才的关键课题。

第三节　高校网络育人的基本内容

一、高校网络育人的构成要素

要素是构成事物必不可少的要件和因素，单一的要素连接起来共同发挥系统的作用。目前，学界关于思想政治教育要素构成的认识还未达成一致，大多数人较为认可的是张耀灿教授提出的"四要素说"，即主体、客体、介体及环体。高校网络育人在本质上来说是提升高校思想政治教育质量的重要方式，传统思想政治教育育人方式的基本要素组成也同样适用于网络育人，但网络育人的要素构成及其相互关系与传统的思想政治教育育人方式存在差异，在主客体、内容与方法及环境形态方面均有其特殊性。

（一）双重性质的主客体

高校网络育人的主体是指以培养网络青年为目标，有目的、有计划地开展网络实践活动的个人或组织。依据育人主体的稳定性来划分，高校网络育人的主体可以分为核心主体和泛主体，那些主动自觉地承担高校网络育人责任并积极开展网络文化实践活动的个人或组织则是高校网络育人的核心主体。从广义来看，高校网络育人的核心主体包括各级党政宣传部门、网络管理部门、学校等单位；从狭义来看，主要包括高校的党务和行政工作人员、宣传教育部门、校园网的建设者和管理者、思政课专职老师、辅导员及一些学生骨干。泛主体是指不直接承担高校网络育人责任，由于某些因素临时开展网络活动的个人或组织。一般来说，泛主体的范围较广，社会组织、企业、家庭、个人都是泛主体的组成部分。泛主体具有自发性、灵活性、间断性等特点，而核心主体则具备组织性、规范性、持久性的特征，是高校网络育人的主力军。

高校网络育人的客体是指网络育人活动的对象，具体是指高校的大学生网民。由于网络社会环境下的人是网络空间中的人和现实人的集合体，因此根据接受影响的先后顺序，可以将客体分为直接客体和终点客体。主体通过网络空间中的实践活动并不能直接作用于终点客体，而是先将信息内容传输给网络空间中的直接客体，再通过一定的转化机制才能真正影响终点客体，从而实现内化和外化的过程。

高校网络育人的主客体是可以相互转化的，高校网络育人的主体是以主体间性的方式存在的，也就是存在互主体性。一方面，教育者作为思想政治教育活动的组织者、管理者和调控者，是具有导向性的主体，但教育者在成为教育者之前也是受教育者，在成为教育者之后同样需要接受培训与深造。从这个意义上说，教育者这个具有导向性的主体又具有客体性。另一方面，受教育者作为教育的对象无疑具有客体性，但同时受教育者是具有主观能动性的人。思想政治教育本身就十分重视主客体的互动关系，而高校网络育人更加强调主客体的平等和互动，极大地确立了主客体互动的价值。从这个方面来说，受教育者又具有主体性。因此，高校网络育人的导向性主体是具有客体性的主体，受动性客体是具有主体性的客体，高校网络育人的主客体具有双重性质。

（二）丰富多样的内容与方法

教育目标是确立教育内容和具体开展教育活动的主要依据，因而其内容必须考虑目标确定的依据，即社会发展、个人发展及学科发展的规律和需求。高校网络育人的目标和内容与传统的思想政治教育在本质上是一致的，只是在具体的指涉范围上有了极大的拓展和创新。同时，网络社会的复杂性和教育客体思想行为的多样性、多变性，决定了高校网络育人内容也必定是一个复杂多样的动态系统。

首先，高校网络育人的主要内容包含了传统思想政治教育的一般性内容。一是思想观念教育，思想观念作为思想政治教育的基础性内容，既包括马克思主义基本原理及中国化的马克思主义理论等理性认识，也囊括了世界观、人生观、价值观教育等感性认识，当代中国的思想观念教育具体表现为社会主义核心价值观教育。单纯的上升为理论知识的思想观念并不容易让人们感知、理解和认同，只有将二者有机结合才能促成思想观念的内化与外化。二是弘扬中国精神，中国精神在一定程度上也是一种思想观念，但中国精神作为思想观念的升华，更加表现为一种品格特质和精神风貌。井冈山精神、长征精神、延安精神、"两弹一星"精神等以爱国主义为核心的民族精神及创业精神等以改革创新为核心的时代精神都是网络育人的主要内容。三是行为规范教育，道德是日常生活中常见的行为规范，个人品德、家庭美德、社会公德既需要个人自觉保持也要靠社会舆论维系，除此之外，高校网络育人还要通过法治教育使学生知法、信法、守法，从而指导和规范学生的行为。四是心理情感疏导，网络社会中的许多突出问题都与心理情感息息相关，当代大学生的心理健康问题不得不引起我们的深思和重视，这不仅仅需要专门的心理课程、心理咨询、心理治疗，同时也需要思想政治教育涵盖个体心理、社会心态等心理情感方面的内容，为缓解学生的心理困扰、疏导学生的情感矛盾提供解决方案。

其次，除了传统思想政治教育一般性的内容外，高校网络育人的主要内容还具有其特殊性，具体体现在大学生网络文明素养教育及网络行为教育等方面。这些教育使大学生规范自己在网络社会中的言行，养成良好的网络行为习惯，善于识别并远离网络陷阱。

高校网络育人方法就是为了实现教育目标和内容所采取的思想和工作方法。育人方法的探索和发展是高校网络育人工作者始终追寻的重点和要

045

解决的难题。常见的高校网络育人方法有宣传教育法、调控疏导法、管理干预法等，但由于网络社会环境的复杂性和大学生个体思想的多样性、多变性，具体的高校网络育人方法要因事、因地、因人而异。因此，找寻唯一固定可靠的方法并不可能，重要的是根据时代新人的培养目标和网络传播的特点，从大学生的现状和需求出发，掌握高校网络育人方法所要坚持的原则。一是要坚持网上网下的联动。在高校网络育人方法实施的过程中，我们应当认识到大学生在网上的种种问题，其根源都在于网下的现实生活，单纯的网上或者网下采取的措施都很难达到预期目标，只有虚实结合，利用网上的即时性和网下的亲临性才能增强高校网络育人的实效性。二是要注意内容和形式相结合。抓住大学生的实际需求，创造生动有趣的内容是高校网络育人的核心，同时只有将抽象的理论、说理配合以信息技术才能更加详尽、生动、便捷地将其内容展现出来，才能触发大学生的情感因子。三是制度建设与文化熏陶相结合。制度化的手段有利于维护网络空间的秩序，但高校网络育人效果的深远持久更需要网络文化的浸润作用，二者的有机结合才能使高校网络育人的影响力更加深刻。四是要将正反两方面的信息相结合。既要从正面表明立场，教给学生什么是正确的，也要直面矛盾，敢于批判对立方的问题，使学生在正反两方面的对比中强化对正确内容的理解与认同。

（三）复杂多变的网络环境

空间是一切存在的基本形式之一，人总是存在于特定的空间中，高校网络育人活动的开展也离不开相应的空间条件。人们在生产劳动和实践活动中创造了一个属人的世界，因此，网络空间在本质上是社会的，也是实践的。网络育人实践活动是现实社会与信息技术相融合的产物，既是一种现实的实践活动，也是一种虚拟的实践活动，网络育人实践活动的双重属性决定了网络育人环境的虚拟性和现实性。网络空间的双重属性虽然在内涵特征上有所不同，但二者相互影响，共同构成高校网络育人环境的双重性质。在现代网络社会，网络在为人们的生产、生活提供便利的同时，也带来了许多社会矛盾，网络的隐匿性使互动主体、内容供给、传播形式等更加复杂，网络诈骗、网络暴力、网络色情等问题层出不穷，这些问题都使得高校网络育人所面临的环境更加复杂化。同时，这些网络社会中不和谐因素及其呈现方式并不是固定不变的，随着网络信息技术的不断升级，这些不和谐的因素会更加隐匿，这对高校网络育人过程中的技术升级和应对机制创新提出了更高的要求。

传统的思想政治教育要素划分方式同样适用于网络育人系统，但网络育人的构成要素呈现出显著的特殊性：主体间性的特征愈发明显，内容与方法更加丰富多样，育人环境的复杂性与多变性也更加显著。其中，网络育人的主客体是具有双重身份的统一体，但又有其各自的相对独立性，二者相互影响、相互制约、相互转化，共同构成网络育人的核心要素，决定着网络育人的内容与方法；网络育人的内容与方法是连接主客体之间的纽带，在一定条件下反作用于主客体，从而影响网络育人的整个过程；网络育人的环境作为一种虚实结合的场域，不断塑造着主客体的形象，影响着网络育人的内容与方法，而又不断被主客体所改造。网络育人的要素形成一个有机的统一体，即在虚实结合的网络社会环境中，教育者依据教育对象的身心发展规律及学科发展特点选择适合的教育方式和教育内容，对教育对象施加影响以促进其成长、成熟。双重性质的主客体、多样的内容和方法、复杂多变的环境共同构成了高校网络育人的要素，只有把握各要素之间的相互关联性，才能有效发挥各要素之间的组合效应及高校网络育人的功能。

二、高校网络育人的主要特征

对主要特征的挖掘和凝练是理论研究的必要过程。高校网络育人主要特征是指教育主体在网络社会空间中与大学生互动交流，于实现培育网络青年目标的过程中呈现出的基本特征和表现。高校网络育人主要特征的体现和展示是主客体在网络社会实际的交往互动中形成的。一方面，高校网络育人具备思想政治教育方式的一般特征；另一方面，互联网信息技术的发展是网络育人产生的基础和前提，高校网络育人必定吸收了网络技术的一些特征。除此之外，网络育人是网络社会空间环境中的育人方式，是在现实环境与虚拟环境交织的网络空间中进行的育人方式，这些特殊性决定了高校网络育人具有以下与传统思想政治教育育人方式不同的主要特征。

（一）主客体的互动性和平等性

在网络社会环境下，传统思想政治教育主客体二分的状态已不复存在，互动已经成了网络社会中主客体之间最普遍、最基本的形态。主客体的互动关系主要体现在三个方面：首先，主客体互动的模式由主客二分转化为主体间人际互动。主体作为行为的发出者、组织者和实施者，无疑具有主体性，而客体是客观存在的事物，是被研究和施加影响的对象。但高校网络育人中的客体即教育对象具有高度的自主性，大学生能够对主体施加的影响做出反馈，能够主动选择性地接收和认同主体所发出的信息内容，同时还能内化出全新的自我认知，因此，高校网络育人的客体也具备了主体性，能够在网络人际互动的过程中发挥主观能动性。在互动的过程中，互动双方既是主体也是客体，表现出明确的交互主体性。其次，主客体互动的形式更加多样、新颖。传统的思想政治教育主客体的互动形式多为面对面的交流，网络育人的技术性特征使互动双方可以根据情境和对象的不同调整互动的形式，运用不同的互动形式获取大学生的思想信息，并进行深入的思想交流。最后，主客体互动的时空向度由实时互动转化为实时与延时互动相结合。网络社会的超时空性打破了时空对人们交往互动的影响，传统育人方式多为面对面的实时互动，以网络为载体的微信、微博、电子邮件、BBS 等交互方式极大地颠覆了主客体互动的方式，实时的同步交互与延时的异步交互增强了高校网络育人主客体的互动性和平等性。

传统的思想政治教育育人方式大多是单向性选择和灌输式传播，教育客体大多只能被动地接受，育人的过程中内化和外化的效果会大打折扣。相比之下，网络育人方式中主客体关系的平等性更加突出。首先，网络育人为主客体营造了一个平等互动的空间环境。网络的虚拟性使得大学生可以在匿名状态下表达自己的愿望，这为主客体双方的平等交流提供了可能。其次，主客体在获取信息资源的机会上更加平等，互联网的开放性使得网络育人的主客体都可以随时随地获取相关信息资源，这就打破了以往信息"垄断"的局面。最后，主客体在接收信息内容的方式上更加平等。不仅主体可以选择传授何种内容，客体也可以自由选择接受与否，并且可以通过网络信息反馈促使主体及时调整施教内容和方法。

（二）信息内容的碎片性和方法的隐蔽性

网络空间的开放性为网络信息的丰富性提供了前提，网络社会呈现出来的内容十分广泛，基于网络社会环境所开展的教育也必然具有丰富性的特征。网络育人除了本身广泛的内容之外，还面临着网络信息碎片化的问题。无穷尽的网络信息主要以娱乐性内容居多，娱乐新闻、八卦奇闻极易引起大学生的好奇心和注意力，而网络育人自身的内容又因其较强的理论性容易受到一些大学生的排斥。网络信息的碎片性呈现不仅会导致大学生对信息认知的片面性，还会消解网络育人内容的逻辑性和深刻性。如何在碎片化的网络信息中保持和强化网络育人自身内容的逻辑性和深刻性，这需要在网络育人过程中重点关注。

网络信息的碎片化决定了传统的育人方式已不合时宜，隐蔽性和渗透性的育人方式是必然选择。一方面，需求因人而异，人们上网的目的也各有不同。有的人为了获取知识，有的人为了沟通交流，有的人为了娱乐消遣，面对纷繁复杂的网络信息，网民很难主动自觉地选择网络育人的一般内容。另一方面，传统的显性教育不仅会弱化教育效果，甚至会产生负效果，引发网民无意识和下意识的排斥。网络育人的主体可以利用技术性设计将网络育人的内容渗透到多样的网络信息中心，通过渗透的方式使网络育人的内容隐性化。网络育人方法隐蔽性的最大优势在于能够抓住大学生网民的需求，激发网民的情感因子和对育人内容的理解与认同。

（三）过程的复杂性和效果的反复性

在网络空间社会环境中，网络育人是以过程的形式存在的。网络育人过程是一个涉及多方面因素的动态复杂过程。首先，网络育人过程是确定性与非确定性的统一。一方面，主客体的施教关系仍然存在，高校辅导员、思政课老师等教育主体与施教对象即教育客体——高校大学生的关系是确定的，教育主体在施教的过程中发挥着强烈的自觉性和主动性。另一方面，由于网络的虚拟性导致网络人际互动中身体缺场，教育主体所发出的育人内容是否真正被客体接收、认同并内化为自我认知是不确定的，受教育者可以自由选择建立或者解除某种互动关系，这就加大了网络育人过程的不确定性。其次，网络育人过程是高干扰性与低可控性的统一。一方面，网络环境的开放性和获取信息的便捷性，使得网络上形形色色的信息冲击着大学生的思想观念，鱼龙混杂的网络信息不仅会分散大学生的注意力，也会削弱网络育人内容的深刻性。另一方面，大学生处于变化多端的网络世界中，思想意识的变动性较大，某种强烈、突出的意识可能诱发、调动其他意识状态，这就使网络育人主体的预测和调控工作难度加大。再次，网络育人过程是价值引导与自主建构的统一。网络育人本身具有价值引导的功能，要有效发挥价值引导功能，就需要教育主体不仅要对价值引导的内容、原则、方法了如指掌，注意学生思想和行为的动态变化，还要掌握网络社会发展规律及所需要的网络技术，这就对教育主体提出了较高的要求。同时网络育人也是网民实现信息内化和外化也就是自主建构的过程，这不仅关乎信息本身的吸引力，更与大学生自身原有的认知结构及现实需要有关，加之内化与外化本身就是一个复杂的过程，这些都加大了网络育人过程的复杂性。

网络育人过程的复杂性直接导致了网络育人效果的反复性。一方面，海量的网络信息为网络社会多元价值观的确立提供了条件，多样的信息和多元的价值观容易给大学生思想带来混乱，但其可以在育人主体的引导下根据自身需求在多样的信息中找到有效的答案，并且可以在多元价值观的比较中明晰并选择正确的价值观，从而提升网络育人的有效性。另一方面，由于网络信息的诱导性，人们要在海量的网络信息中确立一种正确的价值观并非易事，不同的信息、观点之间容易产生矛盾和冲突，任何一种极具诱惑力观点的出现都可能摧毁大学生确立已久的正确观念，从而弱化了网络育人的效果。这就表明网络育人的效果极具反复性。

（四）目标的时代性和价值的共享性

明确目标是网络育人最根本的问题，体现着网络育人的本质和方向。党和政府一直十分重视育人目标的制定，尤其是进入网络时代以来，育人目标不断演进并完善，除了传承性外，育人目标还深刻地与时代发展紧密相关。1987年3月，在谈到"培养什么人"时，邓小平提出"我们历来提倡有理想、有道德、有文化、有纪律，其中最重要的是有理想、有纪律"。这就是著名的"四有新人"，当时的理想就是社会主义现代化建设。在社会主义现代化建设新阶段，1999年召开的第三次全国教育工作会议上，江泽民提出要"努力造就有理想、有道德、有文化、有纪律的，德育、智育、体育、美育等全面发展的社会主义事业建设者和接班人"。随着中国特色社会主义进入新时代，除了要培养德智体美劳全面发展的社会主义建设者和接班人，还提出要培养担当民族复兴大任的时代新人。可见，人才培养目标与时代发展背景是息息相关的，网络育人目标的演进充分体现了时代的印迹，呈现出了鲜明的时代性特征。

价值是目标的集中体现，网络育人价值的共享性为其目标的实现创造了条件。通过深入研究网络育人，我们可以发现网络育人实际上是一种网络人际互动的过程，主客体作为发出者和接受者可以通过信息的交流和传播完成共享的全过程。共享是否完成也成了衡量网络育人效果的一个重要因素。共享作为一种思维方式和行为方式，在网络社会时刻发生着。网络育人主客体的互动在很大程度上是通过信息、知识、意义及精神共享完成的，网络育人价值的共享性使得主客体之间增加了互动频率，增进了彼此的了解和理解。

三、高校网络育人的主要功能

网络育人功能的实现是提升网络育人工作质量的关键一环，如何定位并发挥网络育人的功能至关重要。关于网络育人的功能，学界还没有达成共识，但一般认为主要有宣传功能、教育功能、服务功能、凝聚功能等。总的来说，网络育人与传统育人方式相比，除了具有一般的育人功能外，还具有特殊功能，这需要结合其目标及内容来看，主要有四个方面：维护思想政治教育的意识形态性；强化思想政治教育服务的针对性；提升思想政治教育的时效性；增强思想政治教育的创造性。

（一）维护育人目标的意识形态性

思想政治教育的本质属性是意识形态性。无论是传统育人方式还是网络育人的首要功能都是维护思想政治教育的意识形态性。当代中国的主流意识形态是以马克思主义及马克思主义中国化理论体系为指导的社会主义意识形态。网络育人要维护发挥思想政治教育的意识形态性，就必须坚持以马克思主义理论为指导，保持社会主义核心价值体系在意识形态领域的主导作用。在网络育人过程中，教育者可以通过互联网络的技术传播，更好地完成社会主义核心价值观进网络的工作，充分发挥意识形态的社会渗透和凝聚功能。网络育人通过渗透功能强化政治和文化认同，促进全社会凝心聚力。我们可以在传承优秀文化的基础上加强网络育人方法的创新，并通过网络舆情监测，预防并调节网络社会存在的各种矛盾，推动社会和谐发展。网络育人教育者可以通过经常性的意识形态网络宣传工作，潜移默化地将社会政治理念、主流价值观念及伦理道德内化为大学生网民的自我意识和自觉坚持，在强化意识形态控制力的同时，更好地利用精准、深刻的内容阐释马克思主义理论，用生动、形象、具体的故事传播社会主义核心价值观，从而增强意识形态在网络传播中的吸引力。面对网络空间中价值多元、文化多样、思想多变的社会环境，坚持一元主导与多样发展的统一，充分发挥高校思想政治教育理论课、校园网络文化活动等的主渠道、主阵地作用，将意识形态中包含的社会规范转化为大学生的自我认同，使大学生在真信、真学、真做中维护思想政治教育的意识形态性。

（二）强化育人服务的针对性

学者朱新卓认为教育的本体性功能和原发性功能是提升人的灵性。马克思主义也将人的自由、全面发展作为奋斗的目标，西方的人文主义主张关怀人的个性，维护人的尊严和实现自我价值。可见，以人为本，实现人的全面发展是教育的终极目标。在网络社会深入发展的今天，网络育人因网络的信息量大、交互性和开放性强等特点强化了思想政治教育服务的针对性，促进了人的全面发展。

高校网络育人是满足大学生网民成长内在需求的必要途径。高校网络育人的过程就是培育大学生网民，促进大学生网民成长、成熟、成才、成功的过程。网民的成长是一个由自然人向社会人转变的过程，而思想品德的发展是一个人成长的首要标志，是网民实现自我成长、成熟、成才和成功的内在需要。网络育人就是要营造一个利于大学生网民全面发展的环境，切实发挥知识传递、陶冶情操、解疑答难等服务功能。传统的思想政治教育主要依托课堂、作业、考试、访谈等方式了解学生并提供相应的服务，囿于技术的限制和较强的主观性极易导致高校思想政治教育方法的模式化，忽视了大学生网民的个性发展，而网络育人能够依据互联网技术对个别需求及个别问题提供有针对性的服务。一方面，高校可以通过建立"多媒体数据库""网络互动平台"等，提供多样的教育资料，拓宽信息交流渠道，扩大教育的服务范围，使学生获得广泛的知识与信息，学生也可以根据自己的兴趣、特长、爱好对网络信息进行选择、研判、提取及整合。大学生网民不仅可以选择丰富多样的内容和形式，还能够进行网络文化产品的创作，通过思想上的创新，开阔视野，陶冶情操，促进人的全面发展。高校依据收集的信息数据研判学生的个性需求，从而为大学生网民提供定制的个性化服务。另一方面，互联网能够敏锐地察觉网民的思想行为问题，为教育者制定育人方法提供针对性的建议。教育者可以通过网络了解大学生网民的生活、学习、工作等方面，把握他们日常的网言网语，了解他们所关注的网络热点，及时掌握大学生网民的思想动态与网络行为方式，对大学生在思想、行为、身体及心理等方面出现的异常情况及时采取有针对性的育人对策，从而真正做到"对症下药"，强化思想政治教育服务的针对性。

（三）提升育人内容的时效性

与传统的媒介相比，网络的传播速度更快，传播的范围更广。网络传播因其及时、高效的特征不仅能够提高信息实时共享的便捷性，还能够将现实生活中的声音放大，增加网民的关注度。网络环境的复杂性和网络传播的快速性也要求高校网络育人不断提升思想政治教育的时效性功能。首先，高校网络育人工作者能够紧紧抓住网络信息发布的主动权。在网络社会环境中，网络舆论复杂多变，网络大事频发，掌握网络信息传播的主动权显得尤为重要。高校通过及时开辟网络阵地，并善于利用网络阵地传递信息，引导网络舆论，通过及时、高效、准确的国际国内信息的传播与评论，提升大学生网民的政治敏锐度和网络信息鉴别力。其次，高校网络育人工作者能够及时掌握网络信息回应的主动权。在网络社会中，面对铺天盖地的消息，迟缓的信息回应会促使网络谣言的传播。在以往的传统育人方式中，主客体信息沟通不畅，导致主客体矛盾难以化解，而在网络育人过程中，教师与学生、学生与学生之间能够及时互动，能够针对网络育人过程中存在的问题和矛盾利用网络即时沟通，教育主体能够及时看到学生的网络信息反馈，从而更好地了解学生的思想行为变化，并快速做出反应，推动网络育人过程的民主性和科学性。最后，在网络育人过程中，高校作为网络信息的把关人，能够及时净化网络空间。面对网络舆论的热点和焦点，高校能够运用具有公信力的网络媒介，迅速做出反应，把谣言遏制在萌芽状态。

（四）增强育人方法的创造性

在网络育人过程中，教育者可以综合运用声、色、光、图等多种形式将枯燥乏味的理论知识呈现出来，通过各种网络数据库，实现思想政治教育资源的共享，从而增强思想政治教育的创造性。一方面，网络育人开拓了思想政治教育的新领域和新方法。教育者可以充分运用动静结合、视听结合的现代化技术手段创新思想政治教育的内容和形式，将抽象的理论知识用更加具体、生动的方式呈现出来，化枯燥乏味为生动有趣，充分利用网络信息传播规律，实现思想政治教育与网络技术的有效融合。另一方

053

面，网络育人促进了思想政治教育资源的共享，为创造新资源提供了契机。互联网为大数据、人工智能、云计算等新兴技术的发展创造了条件，它们共同促进了思想政治教育资源的共享。大数据提供的数据查询及网络的图文处理和信息传递技术使得信息资源能够实现跨地域、跨时间共享，教育者能够通过网络实现资料收集，促进教师间互动交流和经验分享，有利于提升网络育人过程中教育者的整体素质，提高思想政治教育者进行理论研究和实践工作的积极性。此外，学生能够通过网络接收各种优秀的教育资源，有利于增强学生的综合素质，推动教育公平发展。思想政治教育资源的共享促进了新资源的再创造，从而为增强思想政治教育的创造性提供了条件。

四、高校网络育人协同机制

高校网络育人协同机制是高校网络育人系统各要素之间相互联系、相互作用、相互协同的工作机理、结构关系与运行方式，体现为高校网络育人过程的发生、运转、约束、控制和反馈的协同推进和有序运行。高校网络育人工作是一个复杂、庞大的系统，具有思想价值的引领性、理论体系的科学性、平台建设的技术性、线上线下的融合性、教育活动的安全性、网络育人主体的多样性及网络育人客体的多变性等复杂因素。纵观整体，网络育人的任何一方面都不是孤立存在的，也难以孤立的自我完成与自我实现。我们要结合网络环境下高校育人的新特点，用系统、宏观、发展的视角看待高校网络育人环节的方方面面，厘清各要素之间的联系、结构与运行的方式与规律，充分利用与整合各类网络育人资源，将多方网络育人主体协同联动，更加有效地实现高校网络育人的目的，提高网络时代大学生思想政治教育工作的实效性，构建富有吸引力和创新性的高校网络育人协同机制，更好地适应网络时代发展的规律。

（一）高校网络育人协同机制概述

1. 以"协同理论"为基础

协同论是现代科学方法论中的重要组成部分，和"耗散结构论"和"突变论"合称"新三论"。"协同论"（Synergetics）主要是用来阐述物理学中物质与能量交换过程中结构的有序性及各要素之间协同作用所产生的影响。它将物理学与信息学、数学与动力机械学综合协同，从微观到宏观再到微观，从物质与能量交换的现象中发现从无序到有序的宏观运动规律，再建立完整的算法与模型。协同论从一个耗散、复杂系统的内部入手，在各因素性质有所差异的条件之下，寻找系统内部各部分之间的自身协调和共同本质的一门"横断科学"。它通过采集、分析、类比、整合，将无序趋向有序，将零散换为聚集，探索系统内部各部分共同的运行规律，发现和构建新的运行方式，从而实现量变到质变的转化，产生新的"质"，达到新的效果。

高校网络育人协同机制即是在吸取、保留和借鉴"协同理论"的积极因素的基础上形成和完善机制的构建过程。"协同论"的第一原则就是整体性原则，系统内部组成要素之间的相互联系与协调性又展现了事物之中的统一性。协同论所采取的主要探究方法是类比归纳法，其最大的优势是将一部分的结果推广运用到另一部分，作为另一部分的模拟计算机。高校网络育人协同机制的复杂系统需要从整体性的角度去挖掘其各部分之间的关联与协调性，从而能动地利用联系的多样性，形成新的运行方式。

2. 高校网络育人协同机制的系统构成

高校网络育人协同机制是复杂体系之中各子系统自发、无规则的独立运动，它们之间又相互关联、相互协同，当运动状态达到某一"阈值"时，将会形成新的运行机制。高校网络育人协同机制组成部分涉及广泛，主要包括机制与平台建构的主体，信息的搜集、整理、研判，各类资源的共享，育人主客体的交互关系，机制的调节与反馈等。高校网络育人协同机制从青年大学生接触网络信息开始，做好信息搜集、信息整理和信息研判，到科学决策，加强协同领导，咨询相关领域专家的意见，充分发挥群众主体意识，形成科学、高效决策；又到完善资源共享，尤其是网络信息资源、网络技术资源、网络学术资源和相关政策资源的共享；再到协同多方主体培育，高校三级协同联动，教师学生协同，网上网下协同，校内校外协同；最后到加强反馈调节，确立评估标准，畅通反馈渠道，调节网络育人。

高校网络育人协同机制由信息研判、科学决策、资源共享、协同培育和反馈调节五大部分组成，形成一个完整的闭环，使其在整体性上实现育人目的和功能。

3. 高校网络育人协同机制各要素之间的结构关系和运行方式

高校网络育人协同机制之所以能称为机制，首先应当明确以下几点：

一是高校网络育人协同机制的载体。整个育人协同机制的运行载体是网络，所有的动作执行及效用产生都依托于网络平台，包括网络育人资源的开发、共享，网络育人平台的搭建，网络育人活动的开展等。二是高校网络育人协同机制的核心。毫无疑问，育人是高校网络育人的核心所在。整个机制的各个构成部分，以及各个部分功能的相互作用、相互影响都是为了有效促进育人功能的实现。三是高校网络育人协同机制各个构成部分的功能。正如上述的信息研判、科学决策、资源共享、协同培育和反馈调节五大部分，其中任何一个部分的缺失或者失效，都会影响机制整体育人功能的实现。四是高校网络育人协同机制各构成要素之间的相互影响、相互联系和相互制约的关系。整个育人协同机制的各子系统及各要素的协同和统一，以及各要素之间的"钳制关系"促进了整个机制的正常运转，维持了协同机制规定、自发、稳定的工作方式。五是机制发生作用的外部环境与动力。高校网络育人协同机制的正常运行需要外部支持，譬如网络信息化发展水平、国家颁布的相关网络政策等。

（二）高校网络育人协同机制的本质

1. 需求导向

需求导向是高校网络育人协同机制最根本的属性，是指从高校网络育人协同机制的形成、构建出发，根据当前国家、社会、高校对于青年大学生的思想政治状况发展的需要，对青年大学生进行有意识的引导。需求导向这一本质特征，不仅明确了协同机制的根本方向，更确定了机制构建的根本定位，有助于解决当前高校网络育人的基础性、全局性问题，增强高校网络育人的针对性、主导性、时效性、系统性和长效性。高校网络育人协同机制在尊重育人客观规律的前提下，充分发挥主观能动性去创造条件，使高校思想政治教育工作紧密结合时代需要、社会需要和学生需要，同时在满足外在需求的过程中，发挥自身开放性、发展性、立体性、引导性、协调性和渗透性的特征，促进自身不断自我完善和发展，不断提高、调整和丰富当前高校思想政治教育工作的方式、内容、结构，提高高校思想政治教育工作的水平和有效性。

需求导向作为高校网络育人协同机制的核心本质，要求我们坚持实事求是，与时俱进，重视经验的总结和规律的探索。基于需求导向这一本质属性，高校网络育人协同机制重点要注意以下几点：一是要有体现需求导向的培养方案。基于当前高校青年大学生的特征与思想政治状况，结合新时代中国特色社会主义的现实需要，充分体现立德树人这一重要环节，针对当前新形势下的总体育人目标，始终坚持以满足国家战略需要的高质量人才培养为核心。二是要突出需求导向的实践育人体系。高校网络育人协同机制以网络为载体，但绝不仅仅局限于网络。实践育人体系就是要根据学生思想政治状况的发展特点，除了进行理论学习，更需要结合线下的道德实践需要，结合现实需要，正确处理第一课堂与第二课堂的定位与关系，让线上配合线下需要，促进线下活动，提高线下实践育人有效性，相互借力，共同搭台，及时补台。三是要重视需求导向的网络育人内容。既要发挥第一课堂的重要作用，同时也要重视"网络文化"这一重要板块，重视网络文化对青年大学生的作用与影响，重视培育与社会主义现代化建设相适应的优秀网络文化，加强高校对于宣传和推广健康向上、理性科学、有序文明的优秀网络文化的作用。四是要建立需求导向的监控反馈系统。高校网络育人协同机制具有系统性与长效性的特点，应坚持贯彻落实"积极利用、科学发展、依法管理、确保安全"的工作方针，不断结合国家需求与现实情况，制定评估标准，创新发展网络育人资源、网络育人方式和网络育人环境。

2. 协同联动

协联动同是高校网络育人协同机制的重要属性。高校网络育人作为一个复杂而庞大的系统，由若干相互联系、相互作用的部分和要素组成，通过协同联动这一重要属性，使得高校网络育人系统成为具有一定结构和育人功能的协同机制。协同联动使得各部分不仅仅是单个的部分或元素，而是归属于整体，并拥有了新的功能和新"质"，协同联动使得高校网络育人系统的各个部分获得了整体意义上的整体规律性，成为具备特定功能的整体。

协同联动着眼于整个机制的整体性功能状态，综合优化各部分以力求达到高校网络育人的最佳效应。高校网络育人协同机制各子系统之间协调一致，相互影响，相互助益，推动整个机制向着"育人"这一目标前进、发展。协同联动这一本质主要涵盖下面两大方面。

一是协同高校网络育人系统的各方面，主要包括校内校外协同、跨学科协同、网上网下协同。高校网络育人协同机制需要协同校内校外两种力量。培养能够担当民族复兴大任的时代新人，不仅是学校的责任，还需要社会、家庭多方面的合力协助。加强高校与企业、社会在网络上的互动与交流，使在校大学生既有学术上的导师，又有社会上的导师，而且在家庭中也有思想上的领路人。高校网络育人协同机制需要协同多学科，不仅要在思想政治教育学科上不断契合网络教育，还要在各个学科上推出优质慕课，在各个学科中挖掘育人资源。通过网络平台，将显性思想政治教育与隐形思想政治教育相结合，互相助力。高校网络育人协同机制需要协同网上网下，将网上教育与网下教育相结合，尤其要重视发挥学校相关学生管理工作部门作用，从线上的宣传教育，到线下的管理落实，强调以高校网络文化建设推进高校网络育人。

二是协同联动蕴含着高校网络育人机制各部分同向、同步、同行。这里强调的是各部分之间的联动性，重点体现在三个方面：一是同向性，也就是高校网络育人协同机制这一整体中的信息研判、科学决策、资源共享、协同培育和反馈调节五部分，都要以提高高校网络育人效果为目标，共同发力。正如"五牛拉车"，如果方向不一，力量不齐，配合不够，终究无法有效前进。二是同步性，这里既强调协同机制各部分的协调同步，也强调各部分中的各个要素的同步发展。例如，网络育人资源的更新要与思想政治教育理论的创新发展同步推进，高校思想政治教育工作的创新开展要与网络文化的创新发展同步推进，高校思想政治教育工作开展方式要与信息技术的创新发展同步推进。三是同行性，也就是协同机制各个部分之间是协同作用的，而不是单打独斗。例如，信息需求的搜集、研判和整理要和网上网下、校内校外、老师学生协同培育共同配合作用，这也从侧面体现了高校网络育人协同机制以需求为导向的这一本质。

第四节　高校网络育人规律

网络育人是网络时代兴起的现代教育实践活动。它是区别于传统教育的新的育人方式，有其特殊的育人规律。探讨和明确高校网络育人的本质关系及其要求，归纳和总结网络育人工作的一般规律是做好高校网络育人工作的理论前提。

一、高校网络育人的本质关系及其要求

当代大学生是伴随互联网成长起来的新一代。互联网是其生活与成长的主要环境，因而网络成为高校育人工作的最新领域和最大挑战。正如习近平总书记在全国宣传思想工作会议上指出，我们必须科学认识网络传播规律，提高用网治网水平，使互联网这个最大变量变成事业发展的最大增量。一段时期以来，工作实践中突出的现实问题引发了理论上的强烈诉求，随着"三全育人"工程的提出和实施，虽然高校网络育人的研究受到重视并取得诸多成果，但仍然处于本质关系和基本规律的探索阶段。探究网络育人的本质关系，遵循网络育人规律是做好信息化时代高校网络育人工作的紧迫课题。

高校网络育人尚未有统一的概念，一般来说是指高校教育工作者利用并通过网络平台对大学生进行教育的活动，既包括思想、政治、道德的引导和教育，使大学生在网络空间和网络生活中受到熏陶、影响，形成正确的世界观、人生观、价值观，也包括对大学生进行科学文化知识的教育辅导，使其增长知识和技能。但在多数语境下，网络育人主要是指网络上的思想政治教育工作。网络是高校网络育人的基本载体和平台，离开了网络就没有网络育人。高校网络育人一般可分为两大类型：一种是高校教育工作者通过制度化的形式，利用网络作为手段、载体，实现明确的教育信息投送，大学生在规定程序中进行接收和受教，这是一种传统教育方式上的补充和发展，本质上与现实中的课堂教育形式没有区别；另一种是大学教师和学生在网络生活中进行思想交流、交锋，从而使大学生在网络舆论中受到影响，思想发生内化和外化的过程。后一种类型的网络育人方式与传统的教书育人相比表现出完全不同的形态和特点。讨论高校网络育人话题更多的是指后一种类型，它作为高校育人工作的一个特殊领域，强调知识传授、能力培养和思想价值观塑造的有机结合，其有别于现实生活中的育人工作，同时又与现实生活中的育人工作紧密相连，在全员、全过程、全方位育人的格局中，更具有时代性、基础性、全面性、独特性和实效性。

网络育人工作随着 1994 年我国正式接入国际互联网而产生，至今又随着我国建设网络强国目标和维护国家意识形态安全更显突出。信息技术革命特别是大数据技术的深入发展更是为网络育人工作提供了强大的创新动

力，网络育人已进入常态化、科学化发展阶段，其基础理论研究和实践研究正处于即将取得重大突破时期。然而网络育人的主客体关系理论是众多网络育人理论问题的根基，基于这一理论的实践才会有坚实的基础。习近平总书记提出，做好高校思想政治工作，必须遵循"三大规律"，即遵循思想政治工作规律、遵循教书育人规律、遵循学生成长规律，不断提高工作能力和水平。同样，高校网络育人工作也必须遵循其自身的规律。所谓规律就是本质的、必然的关系，它深刻反映着事物的本质联系、必然联系、发展方向和趋势。网络育人涉及的关系众多，其中最重要、最根本的是网络育人中的主客体关系，其他关系及理论都是由此而派生的。因而，把握了高校网络育人的主客体关系就把握了网络育人的本质关系。

（一）网络育人的本质关系是主体间性关系

教育是一种主客体的双向活动，主客体关系构成教育活动的本质。高校网络育人工作自然也是教育活动。网络空间的教育活动的主客体仍然同样存在，只是其主客体改变了存在方式和相互作用的方式，明显地表现为育人主体的主导性与自主性交互并行，本质上是一种主体间性关系。

1. 网络育人主体的任务和主导性地位没有改变，改变的是其发挥作用的形式

网络育人的主体首先是以教师为代表的高校全体教育工作者，不管是网上还是网下，教育者在育人工作中都以一种有目的有计划的主体行为来表现，并发挥着主导性作用，传播和维护着社会的主流价值体系。网络空间是其发挥教育引导作用的平台和场景。网络环境下教育者的角色、任务和目标并没有发生根本改变，但实现这些任务和目标的方式方法已大不相同。教育者不再享有教育信息输出和程序设置的先导权和支配权，试图施加"纯粹思想"的教育目标几乎是不可实现的。相反，教育对象不仅是教育活动的客体，而且凭借其信息技术能力强、接受新事物快的优势也成了教育过程的主体，同时是教育信息的生产者、加工者、传播者。与线下的教育相比，网络育人主客体之间更多体现为主体间性关系，表现出平等、合作、发展、共创、共享的态势，具有明显的主体客体化特点。

2. 教育对象作为接受教育的客体地位没有改变，改变的是其接受的形态

作为一种客观的人类实践活动，在高校网络育人过程中，大学生自然

是教育的对象和客体，但任何教育的最终目的都是使大学生成为真正意义上的教育主体。高校网络育人工作也要培养和发展大学生的主体性。大学生思想水平、政治觉悟、道德品质、网络文明、文化素养的提高，离不开其自身的体验和感悟。高校网络育人同样以培养具有自主、理性、自律的思想政治道德判断和实践的个体，形成健康、健全的理想人格为终极目标。

在网络社会，大学生面对的虽然是一个虚拟世界，但正是这个"自由的世界"最大限度地调动了大学生获取信息的主动性和参与性，此时的大学生始终处在一种无人监督的时空当中，对其自身的自主、理性、自律的思想政治道德判断的要求不是更低而是更高了，这有利于大学生主体性的发展，有利于大学生成为真正意义上的教育主体。对于思想政治教育对象而言，其主体性主要体现在其明确的接受主体意识与接受意愿，以及接受的相应知识准备和相应的接受力。在网络环境下，教育客体的主体性特征更为明显更为充分，不仅作为人所普遍具有的主观能动性，对施教主体提供的教育信息具有选择、批判的权利和能力，而且在是否接受和接受过程中都有了更大的主动性，比如，"断网"就可直接让育人过程结束和育人工作失效。高校网络育人过程可否顺利进行取决于主体和客体相互尊重，教育主体必须尊重教育客体的需要、关注教育客体的需求，把客体当作平等的主体，在平等语境中实现对话和交流，在这个意义上客体也就是主体，客体主体化特点非常明显。事实上，高校网络育人工作的成效需要大学生主体性的最大限度地发挥来保障。高校网络育人体现着教育对象即大学生主体性和客体性的高度统一，大学生既是客体，也是主体。

3. 育人过程不是主客体间"一对一"的直接交互活动，而是网络思想的互动

与传统教育相比，高校网络育人主客体之间的交往已由以往教育主客体之间的直接交往转变为"主体—网络—客体"这样间接的交往。网络成为育人过程能否成立的中介和前提条件。人的交互关系不再是物理形态的交互关系，而是一种虚拟存在的人的交互关系。信息化和数字化重构了网络世界上的"人"，这个"人"可以是图像、声音、文字，还可以在网络世界中保存，更可以复制和反复呈现，并且一经传播，真实的主体就失去对它的支配和控制，它仅成为网络世界的物品。事实上，网络育人过程中

的主客体既是联系的也是分离的，表现出明显的模糊化。教育主体和客体都仅是虚拟性存在，在网络中主客体都被数字化、符号化了。教育主体和教育客体虽然都在与"人"交往中，但每一个人所感知到的都是数字化构成的"人"的虚拟在场。

教育者数字化形式的在场，一方面给予了教育客体更多的自由，增强了其选择和消化的空间；另一方面则缩减了教育主体对教育过程的控制力，教育主体无法根据对象的现状来及时调整教育内容和方法，教育的机动性、灵活性非常受限，"望、闻、问、切"手段失去了功用。同时，网络世界的特性就是多元信息的交互传播。在高校网络育人过程中，接受教育信息的教育客体面对网络上的教育主体是多元的、变动的，主客体关系可能是一对一的关系，也可能是一对多的关系，还可能是多对多的关系，"网络思想政治教育主客体关系是一种叠加互动的关系，它不仅是一种共时性的交往互动的关系，也是一种历时性的关系"。

在网络空间中，直接对教育对象产生影响的不是屏幕背后的教育者，而是屏幕中涌动的思想信息，是教育者和众多网民传递到网络空间中的思想信息。网络育人过程实质是网络思想的交流、交锋、互动和共创，作用于教育对象的思想信息随时发生改变，与现实教育由教育者来控制教育信息输出的程度截然不同。

4. 网络育人的主客体身份不是固定的，而是可以流动变换的

网络育人过程中的主体客体地位并非固定的，而是可变动可转换的，真正驾驭和影响着教育客体的是网络上的思想，而这些网络思想发自不同的主体，有些思想是原创的，有些思想是转发和推送的，有些思想是有针对性的、直抵人心的，有些思想是随机的、平淡的、可用可不用的。之所以说主客体可以转换正是因为主客体的互动是网络思想的交往活动，谁是主体谁是客体，不靠标榜而靠实践，谁在实践中掌握和证明自己思想的真理性，谁就是网络育人的主体。每个现实中的主体在网络育人中既可能是主体也可能是客体。网络育人的主客体身份由网络思想交往实践决定。这个特点对从事网络育人工作特别是说理工作提出了更高的要求。

（二）基于主体间性关系的网络育人工作要求

1. 网络育人需要的是对话和理解

对话不是独白，也不是灌输，它是两个以上主体的语言平等沟通交

流，但语言交流也不一定是对话，"真正决定一种交谈是否是对话的，是一种民主的意识，是一种致力于相互理解、相互合作、相互共生和共存，致力于和睦相处和共同创造的精神的意识，而这就是对话意识"。网络育人中双方关系是一种主体间性关系，育人过程强调主体间的互识与共识、理解与合作，强调双方拥有平等的地位。相互尊重是对话和理解的基础。教育对象只有感受到自己人格得到充分尊重、肯定和认可，才会焕发出参与的热情和持续动力。网络育人参与主体既要坚持自己的主体性，更要讲究主体性与主体间性的融合，在平等参与、真诚合作、共同创造的交往实践中实现主体间性对主体性的超越。教育者要树立独立、开放、包容、和谐、共存的网络品格，这也是网络社会正要塑造的现代网民的品格；教育者要摒弃单向度的思维和教育习惯，要善于走近教育对象，善于激发教育对象的心理动能，构建共同、共融、共生的世界，主体间能开放式地对话，互动式地讨论，取长补短式地接纳，这有利于主体双方共同成长。

2. 教育者需要强化自身的主体客体化

网络育人就是为了实现一定的教育目的、任务而利用网络有意识、有计划、有步骤地影响和改变人的思想和行为的教育活动。其中，教育者作为主体发挥着极为重要的作用。网络育人的关键在思想信息的传递，而思想信息传递的关键在教育者这个首要环节，离开网络就没有网络育人，同样离开教育者这个教育主体也就没有网络育人。网络育人不仅要强化教育者本身的教育主体意识，而且需要强化自身的主体客体化。所谓主体客体化是指网络育人中的教育者主动教育、主动引导、积极塑造客体的过程。首先，"要当先生，先当学生"。教育者要强化自身的主体意识，自觉先当客体、先接受教育，不断提高网络育人的主体能力。其次，教育者要主动接近、了解、把握教育对象的利益诉求和实际需要，熟悉他们的性格、情绪，做到心中有数。最后，教育者要履行好教育的主体责任，根据社会发展要求和基于教育对象的特性，有针对性地传导思想信息，积极引导思想价值取向，塑造社会所需要的合格公民。

3. 教育者充分尊重受教育者的主体地位

在网络育人中，教育的主客体关系虽然存在但已模糊化，最终影响教育对象的是网络中呈现的思想而非教育者的直接作用，接受与否，接受多少，取决于教育对象的情绪。要让教育对象愿意接受相关的思想信息，首先得让教育对象愿意上网、愿意探寻、愿意对话。教育信息总是要经过教育对象自身的主观能动性的发挥才起作用，选择、接受、编辑、内化并最终外化为行为等环节更多表现为教育对象的自我建构过程。大学生都是有自尊心的成年人，是否充分尊重大学生的主体地位成为网络育人成败的关键。自由的网络世界比历史上任何一种教育范式都有利于客体主体性的增强。在网络育人中，不仅要把大学生当作教育对象、教育客体看待，更要把大学生当作教育主体来对待。教育者首先要做的是了解教育对象的利益、愿望、要求，在此基础上千方百计地引导和满足其思想政治方面的需要，努力实现同向同行。其次，要积极培养和调动教育对象的主体性、能动性，把网络育人的着力点放在激发教育对象的主人翁意识上，通过调动教育对象参与网络实践的热情，不断提升教育对象自我教育、自我改造的能力。最后，要创设网络情境来因势利导。网络世界的思想互动、思想影响更多的是在参与到网络群体性舆论中而得来的。教育对象作为网络生活的主体，其选择性更为自主、更为自由，没有个性化的指导和引导，就难以吸引其注意力。网络育人务必充分利用网络公共舆论的推动力，鼓励大学生进行思想讨论、思想交流，并及时因势利导，着力点赞和维护积极性事件和言论，在造势和因势引导中，提升大学生的思想意识和素质。

4. 创造适宜的网络环境是重要的育人基础

网络拓宽了大学生的交往空间，网络信息技术形成的"虚拟社会"深刻地改变了人与人、人与社会的关系，也改变了传统教育模式。网络中的教育和学习都发生了革命性变化。在网络教育情境里，大学生面对的不是老师、不是父母而是屏幕，与之交往的是隐藏在屏幕背后的人，导致人与人之间的情感相对冷漠。在网络社会中，由于人与人的沟通和交往完全依赖网络，传统意义上的社会观念与规范很难对行为主体进行有效约束和检验，动摇了传统社会的道德基础和行为准则。而网络的开放性、自由化、隐匿性等特点又使得网络良莠不齐的信息对大学生的冲击和影响自然存在，难以剔除。在信息时代，网络已成为大学生学习、生活、成长的主要环境，不可能采取不让大学生上网的办法来防范，唯有着力营造健康、文明的网络环境，从法律、制度、伦理和技术上规范网络言行，打造清朗的网络空间；唯有加强大学生的人文精神培养，提高大学生的选择能力和免疫力；唯有建设和丰富网络文化生活，在网络文化中孕育网络品格。从当前高校网络育人工作存在的网络平台建设不足、网络文化建设体系脆弱、网络育人力量单薄分散、网络思想引导管理乏力、大学生网络综合素养欠缺等问题来看，加强网络环境建设任务非常艰巨，也是基础性的工程，需要稳步推进。

5. 网络育人实效取决于网络产品的智造

正如曼纽尔·卡斯特所说："由于历史演变与技术变迁的汇聚，我们已经进入社会互动和社会组织的纯文化模式中……这是一个新存在的开端，事实上也是新时代的开端，即信息时代，其独特之处乃是文化相对于我们生存的物质基础获得了自主性。"人是文化的存在物，在现代社会特别是网络社会中，文化（包括网络文化）影响人的思想行为尤为突出和明显，受什么样的文化影响自然就会形成什么样的世界观、人生观、价值观，养成什么样的人格。在网络育人过程中，影响和改变人的思想行为的是种种网络产品，不管它是一部电影、一集电视剧，或是一首歌曲、一首诗词，或是一部网络小说、一条网络新闻，或是一个抖音短视频，或是一台晚会、一组展览……网络的强大容量和大数据技术发展及智能化加速已深深地改变着人类社会，且还在进一步改变之中。人们在网络信息的选择接受上也日益体现出自主性、个性化。何种思想信息能被选择和接受，得看这些网络思想产品是何种品质，就像现实生活中到商店选择商品一样，网络世界中网民也会按自己的个性需求做出选择。因而，如何做好网络产品是网络育人工作的核心，不仅要讲究产品的思想价值，传播符合人类社会发展需要的能量，也要讲究产品的包装设计、形式，使其足够令人心动。为此，在网络育人中，第一，要树立网络文化产品意识，确保输入网络世界的思想文化产品是有价值的产品。第二，要加大融媒体产品的开发，依托全媒体在形式上不断丰富和提升产品质量。第三，要挖掘网络便捷性和大数据技术的潜力，提高网民在网络世界求索、求证新知的可能性和效率，甚至参与网络文化产品的再编辑、再生产。第四，要加大打击低劣网络产品的力度，净化网络文化环境，提升网络文化中真善美的含量，依靠优秀网络文化产品育人。

二、网络育人的一般规律

马克思早已深刻指出，技术力量对社会关系起着变革性的作用。他在

《机器、自然力和科学的应用》一文中指出："火药把骑士阶层炸得粉碎，指南针打开了世界市场并建立了殖民地，而印刷术则变成新教的工具，总的来说变成科学复兴的手段，变成对精神发展创造必要前提的最强大的杠杆。"互联网不仅深刻改变了人们生活、学习、交往的外部环境，也深刻改变了教书育人、立德树人的方法及规律。作为现代教育改革重要的推动力量，网络逐步深入到现代育人理论和实践当中，贡献自身独特的技术价值和实践意义，促使育人活动及实践形成了与之相应的、有别于现实空间和传统社会的独特规律。

（一）主导性与自主性并行互促规律

互联网创造了教育教学的新方式，使各种育人资源在网络空间中聚集、联结和分享。在网络技术应用的过程中，使用者的自主性得到极大的提升，但同时在较为宽松自由的网络环境下，也存在着形形色色的与育人目标和方向相背离的观念和思潮，消解和冲击着网络育人的效果。因此，兼顾主导性和自主性使其并行互促，必然上升为网络育人的一般规律。

1. 坚持网络育人的主导性

坚持育人的主导性是我国思想政治工作的成功经验，也是我国培养社会主义事业建设者和接班人的重要保障。一方面，网络空间多元价值环境要求育人力量必须以社会主义核心价值观主导和引领网络思想政治工作的主阵地、主渠道的构建。跨国界、无边界、多文化的思想交流带来网络多元化、多样化的价值取向，也加剧了对社会共识的瓦解和社会主导思想的分化。发挥育人力量的主导性是帮助实现社会共识、社会整合及集体凝聚力形成的重要引导机制。在网络环境中充分发挥育人力量的主导性，运用社会主导和核心思想观念及价值导向促使多元、有差异的观点和思潮予以整合，已经成为思想界和教育界的共识。另一方面，网络的"碎片化"趋势要求必须发挥和坚持网络育人的主导性予以弥补和纠正。网络"碎片化"特征成为育人主导性实现的现实困境。"碎片化"是对网络信息和观念所处现实状况的形象化表述，以说明互联网中各种信息、思想的完整性和系统性受到解构和分散，使个体在接收信息、观点时处于零散、不完整和非系统的状态。因此，网络"碎片化"不但造成信息接收主体的短视性，导致使用者由于接收信息的有限和片面，往往追求看得到的近期目标和短期效应，而无法形成具有全局性、系统性的价值观念和思维方式，而且还造成个体网络行为的"个体化"趋势加剧。网络"去中心化"特征改变了现实空间权力结构，推进了网络主体平等性和自媒性特性突显，使网络信息"个体化"属性进一步增强，让网络言论具有多元化、单一化、随意化，加剧网络空间中思想共识的离散和价值观念的多样。青年大学生在网络参与时过分强调其鲜明的个体化特征，必然导致其网络价值观念与社会基本价值和道德伦理不相符甚至相冲突。互联网这些传播特性和行为特点都要求进一步加强网络价值观念和思想立场的整合力量，突显育人内容和手段的主导性。

2. 提升网络育人的自主性

在康德的道德哲学中，他将自主放在最为核心的位置。"自主性"包含自我决定的意思，即个人行动或选择忠于自己，并在自我选择和自我控制下实现自我成长。互联网自诞生以来就扮演着不断推进个体主体性和自主性的技术角色，甚至有人断言："个人时代已经崛起了。"不断提升育人活动中主体的自主性，是顺应网络时代需求、发挥网络技术优势的必然选择。一方面，在互联网和自媒体等媒介传播技术支持下，人们感受到"自我选择"和"自我控制"的愉悦。根据穆勒的观点，自主通往幸福，是个体内在应有价值，因此应满足青年大学生自我发展的心理诉求，将自主行动与理性自律连接起来，达到个体品格和素质的提升。另一方面，在自主力量驱动下的行为状态更有利于知识、技术和文化的创新和突破。网络中海量的信息和即时的通信，为探索新事物新问题提供便利，也迎合青年大学生求新求异的心理。他们能够根据自身的喜好自主选择信息和资源，在好奇心和个人偏好的影响下了解网络最新事件，知晓最新知识动态，体验最新科技，从而能够充分发挥人的潜力和创造性，推动对个体创新创造能力的培养。因此，自主性既是互联网赋予现代育人规律的核心特征，同时也是人和社会发展的必然趋势和内在要求。

3. 坚持育人主导性与自主性的结合

首先，发挥个体自主性是解决育人实效性不高等困境的破解思路，虽然，高校思想政治工作主导性在过去的几十多年来取得了有目共睹的成绩，为国家安全稳定和社会转型发展做出巨大贡献，但是，随着改革开放的不断深入和网络信息时代的来临，人的主体性空前高涨和激活，传统自上而下的思想政治工作方法在培育时代新人和面对时代育人新课题时，出现育人效果不高甚至还起到反作用的情况和境遇。究其原因，主要在于对个体兴趣、个性需要认识不足、有所忽略。在网络环境下，只有通过与受教育者平等交流、充分沟通、真诚对话，才能通过受教育者的生活世界和积极体验潜移默化地完成价值观念和道德品性的引导。因此，今天要实现教育人的目标和属性，必须在高扬主旋律和坚持正确方向的基础上，充分发挥和尊重个体的自主性，深刻认识到自主性是保证和推进网络育人工作的题中应有之义。其次，提升网络育人自主性需要坚持其主导性并予以保障。网络自由空间为大众提供一个充分展示自我的舞台，由于网络中个体言行动机十分多样，个体一般出于个人喜好或者个人利益需求，形成不受他人操纵和强制的自主性的网络行为。一部分人将这种自主性当作"为所欲为""不受约束""完全自由"的说辞，导致在网络中出现缺乏道德伦理底线的言行，造成对他人权益的侵害和对网络秩序的破坏。要维护网络社会的健康秩序，帮助"沉浸其中"的青年大学生获得健康向上发展的教育力量，就必须敢于亮剑、划清底线，用主导性和引领性的内容手段保障网络社会和生存于其中的个体的社会属性，建立起主导性和自主性、个人性和社会性相结合的育人机制路径。

（二）虚拟性与现实性内容融合规律

移动、交互的互联网技术推进了网络内容影响力空前壮大。随着人们对网络内容和网络热点事件关注的不断升温，在其之上所产生的观念、情绪、态度、意见而构成的网络文化和网络舆论成为关系民众素养、社会文化发展与国家和谐稳定的时代新课题，内容建设始终是互联网文化建设和网络舆论引导路径的核心，也是决定网络育人成效的关键，需要深刻把握网络内容虚拟性和现实性相互融合、相互吸收的客观规律。

1. 重视虚拟性内容的育人价值

虚拟性是互联网的特性，虚拟性、数字化互联网与人类社会深度勾连为育人理论和手段的创新发展提供了新的契机。新媒体联盟发布的《地平线报告》提出自带设备（BYOD）、学习分析和适应性学习、增强现实和虚拟现实、创客空间、情感计算、机器人技术将成为未来1—5年高等教育的新应用。虚拟性是互联网得以推动科学和文化进步的重要属性，具有无限开发的价值潜能，也对教育人、培养人的空间、路径、手段产生深刻影响。它激发了人们在数字空间探索创新的兴趣，延伸了书本、课程和教室的空间，让学习者可以接触到更多的智慧、思想和技术，鼓励学生主动培养自身的思考思辨、思想碰撞、合作交流的能力，营造了一种自由发挥、人人参与、开放互动的文化氛围，带来了突破传统教育方法和困境的新思路和新方法。

2. 坚持现实性内容的根本性属性

虽然互联网本质上是由 0 和 1 组成二进制代码所构成的数字世界，但其对现实社会的重要程度正如法国哲学家德勒兹笔下的"无器官的身体"一般，成为现代人的另一半身体，具有十分重要的现实意义。一方面，互联网中的主体是在现实社会中进行生活、工作、学习和交往等实践的具体的人。作为现实中的人，最终还是要回归现实社会。网络空间虽然与现实空间有着本质上的不同，但是网络空间的拓展和网络文化的发展，最终目的仍是促进现实中人的全面发展。因此，教育人、培养人的过程中存在的问题，最终只能在现实中才能予以根本解决。另一方面，现实性是一切网络文化和网络内容的前提和基础。网络文化和网络内容本质上都是对现实生活的观照，从不同侧面体现现实生活的各个领域、各个方面。网络内容要教育人、打动人，还是要从人们现实生活中的关注焦点、所思所想以及对真实世界的意义价值出发，要从现实中汲取资源和营养，进而服务和推动现实世界问题的解决和文化的进步。我们必须谨记现实社会是网络世界的基础和根本，必然受到物质生产条件和客观社会条件制约，企图用虚拟教育取代现实的实践、用网络手段取代真实的互动都是不可取的。

3. 推动虚拟性和现实性内容相互融合转化

互联网内容同时体现出虚拟性和现实性，且二者相互依存、不可分割。一方面，网络虚拟内容需要现实规则的监管。互联网的虚拟性助推了网络失范行为，使网络空间面临各种未知与风险。网络失范行为往往是由于价值规范和道德准则不能有效约束或调节行为主体做出正确行为而导致的。网络空间的虚拟性、匿名性、数字化让身处其中的人彼此不相识，把对方仅仅视作符号存在，从而忽视了自身言论带来的真实影响和后果，弱化了行为主体的责任意识和社会规范感。抵御网络虚拟性带来的网络失范行为发生，需要加强网络行为的现实责任感，让现实社会的法律法规、道德和责任意识等共同作用于网络空间，让行为主体感受到网络行为的现实约束和影响。另一方面，网络虚拟内容推动现实内容的虚拟转化。习近平总书记指出："使互联网这个最大变量变成事业发展的最大增量。"如今中国10亿多的网民主要获取信息的渠道就是网络，尤其是青年人，网络生活和网络交往已经成为生活不可或缺的一部分。做好现实内容的网络转化，帮助现实生活和主题超越时空局限，辐射更广泛人群，需要注意的是，网络空间因其虚拟性使其中的内容虽然来源于现实、包含着现实，却往往歪曲了现实、异化了现实，加之网络的开放性让部分不真实、非理性和不健康的内容和观点自由进出、毫无障碍，更加加剧了虚拟内容的复杂程度和危害程度。因此，要做好现实内容的虚拟转换，让真实、健康、具有正能量的育人内容入网、入屏、入眼，让网络空间受到系统的思想道德规范、核心价值观和基本社会秩序的引领与主导。

（三）沉浸式与趣味性方式吸引规律

第三次工业革命浪潮推动了人们生活方式、工作方式、教育方式和学习方式的转变和演进。互联网影响了育人内容和手段的转变，而它带来的一个重要的推进趋势就是从过去的脱离情境的较为严肃的教育方式向让人沉浸其中的具有趣味性的教育方式转变。

1. 发挥网络育人沉浸式的教育优势

韩愈《进学解》中的"沉浸醲郁，含英咀华"指的是读书人沉入内容醇厚的图书中，仔细品味、吸收文中的精华，体现了沉浸式教育方式的萌芽。沉浸式教育最初诞生于加拿大，随后在美国得到迅速应用和发展。沉浸式教育致力于一种充满生命力和活力的并且蓬勃向上的教育状态，旨在构建一种让学生自由发展的空间和体验生活的学习空间。它包含两个方面的含义：一个是它以真实的、现实的"场所"作为体验的存在条件；另一个是它依靠各种数字化、多媒体式的虚拟现实手段实现。如今互联网技术可以帮助受众实现进入"逼真"的虚拟实境，借助各种特殊的交互式技术手段将受众置身于虚拟环境中。在这种虚拟现实增强的技术支持下，受众成为虚拟环境的主体并遨游于所设计的育人空间中，通过遵循所处教育环境中设置的规则逐一完成任务。在这个过程中，受众获得一种具有明确教育目的的、有导向的、综合的、沉浸式的深度体验，从而达到特定的育人效果。沉浸式的教育方式为培养人和引导人提供了一个友好的、积极的氛围环境。尤其是以价值情感培育为目的的高校育人工作，沉浸式教育是培养道德情感和价值取向的有效方式。青年大学生可以在虚拟环境下真实体验和感受不同情境下自身的思想观念，从而对其行为进行反思和重塑。通过对多种生活情境或道德情境的比较和探索，他们能够开始理解什么可以做，什么不可以做，从而在"沉入""浸润"之中习得态度观念与道德品质。

2. 增强网络育人方式的趣味性

趣味体现的是人类的一种好奇、着迷或被吸引的感觉。使用那些易于引起探索和惊奇兴趣的特殊元素及不寻常的组织形式，能进一步加强对人的关注度、吸引力，具有趣味性的教育方式能够令学生兴趣盎然、终生不忘。所谓网络育人的趣味性，是指运用网络资源、媒介形式、网络话语等方式激发学生的好奇心和求知欲，从而引起学生接受理论、认同价值和内化道德的兴趣。青年时期，由于心理发展阶段的特点，决定了他们的学习和接受更容易受兴趣支配，而其兴趣的产生主要来自外界环境，受好奇心、好动的心理支配。在校园课堂中，许多青年大学生注意力往往难以长时间集中，加上对传统思想政治理论课等主渠道教育存在偏见，使他们也怠于做种种意志上的努力。所以，只有利用好网络手段，使教学活动的内容、形式、方法符合青年大学生的心理特点，使他们感兴趣，才能唤起他们学习的主动性和积极性。趣味性是提高青年大学生对教育内容接受程度的极为重要的催化剂，具备趣味性的网络育人内容更易于在青年受众之中传递扩散，从而提升健康向上的育人理论和内容的影响力和辐射力。

运用沉浸式与趣味性吸引方式时要注意：第一，沉浸式不等于参与。沉浸式教育方式需要达到人"在场"的目的。什么是"在场"？它的反义词是"缺席"。在场就是人在现场。沉浸式育人能够为人的交往和参与提供一种平等、安全的氛围，让师生作为平等主体而坦诚相见，使师生双方共同在场、互相关照、互相包容、共同成长。沉浸式教育比参与式教育更加深入，它使育人活动的主体在网络中虽然"身体不在场"，但通过情境的连接，育人者的思想、观念或精神力量却形成于场域之中，而受教育者在情境的引导下反思自我，发展思维，内化理论，使自身的思考不仅仅停留在现象上，而且要看到事情的实质。因此，网络的沉浸式育人是一种"身体不在场"但"思想、情感在场"的特殊的不在场的"在场"方式。第二，趣味性不等于娱乐。我国育人的手段方法改革在互联网技术的推动下取得了很大的转变。然而我们也看到，在当前网络育人实践中，存在着一些过度娱乐化的问题。思想政治理论教育和思想政治工作曾经因其所承载着政治含义和教化功能，使其表达形式被置于整个国家形象和社会环境等宏大话语之中，因此显得过于沉重。随着网络对人们的生活、生产方式的全面浸透，特别是在自媒体和微媒介的推动下，部分教师或思想政治工作者未加区分，或过度使用仅有娱乐价值而鲜有教育价值的网络内容和方式，认为只要能够吸引年轻网民的注意力都具有育人价值。实际上，很多内容只是比较"雷人"或者搞笑、好玩，甚至是恶搞的，非但没有达到育人效果，反而形成十分恶劣的效果和影响。青年学生记住和关注的焦点不再是理论的深度和价值，而是肤浅的趣闻和新奇的形式。20世纪后半叶，美国学者尼尔·波兹曼曾提出"娱乐至死"的警告，在娱乐泛化尤为严重的网络空间，这个问题急需广大教育工作者予以特别注意。

（四）多因性与非线性效果呈现规律

网络育人效果是网络环境中开展的教育活动在现实已取得的或潜在的教育价值。它体现着网络育人活动满足社会与个体需要的程度，以及高校教育工作的质量和学生素养的水平。互联网环境不同于传统教育环境，它存在多元利益主体，具有多样的价值取向，传播着反映不同需要和价值的信息和话语，使实施于其中的育人活动的效果呈现出前所未有的新特征和新规律。

1. 网络育人效果的达成具有多因性和多维性

在网络虚拟的复杂大环境下，多种价值、话语力量交织共同作用于人的思想观念、价值取向和道德素养等的形成和发展，这使网络育人效果的实现面临诸多矛盾和挑战，尤其是如何保证其育人质量和进行教育评价等难点问题，需要教育工作者对网络育人过程的多因性以及作用多重路径有充分认识，正确把握网络育人的有效性与有限性的辩证统一，这样才能有效地推进网络育人实践效果达成。网络育人效果的多因性主要体现在育人对象的主体性、网络环境的复杂性、影响力量的多重性等。将育人实践活动置于互联网复杂系统中，涉及经济、政治、社会、文化各个方面，使许多影响人思想观念的因素具有潜在性、不确定性和偶然性，加之网络情境语境具有多样性，在不同情境和话语环境下，即使相同的育人内容和方法也会产生不同的教育效果，需要充分考虑情境对育人活动的影响。而网络情境的选择往往掌握在网民的手中，他们根据自身的需要和喜好自由选择信息通道和文化情境，个人的自主性、主体性被互联网放大，其情感和需要被互联网强调。另外，育人的教育实践本身的复杂性和综合性，需要物质精神文化多重因素共同作用才能带来对他人观念品质、素质能力的改变。因此，传统思想政治教育工作中强调教育者作为教育人培养人最为核心的影响因素的做法和观念已无法在网络环境中奏效，网络中存在的灰色甚至黑色地带的信息和文化具有潜在风险，需要在深刻认识网络育人的多因性、多维性之上，尽可能降低网络环境给青年大学生健康成长带来的不容忽视的负面影响和冲击。

　　2. 网络育人效果还有明显的非线性特征

　　非线性是相时线性关系而言的，其超越了原有的简单的因果关系，是复杂性科学的核心概念。而纷繁多变、开放无际的互联网正向人们展示一幅充满随机与确定、偶然与必然共生统一的动态图景。育人实践和育人效果之间的非线性特征消解了过去"有多少投入就有多少产出"的确定性因果教育思维，也造成了传统育人指导思想和理论在对教育效果解释时的失真和无力。互联网如同多棱镜般，将传统教育力量进行多次折射、反射和双向互动，使育人效果难以量化和明确。非线性效果呈现特征还变革了传统线性育人"管理至上"的价值观念，提示网络育人需要更加重视"心理构建"的教育理念，以及教育力量和育人效果之间的潜在的、间接的、非线性的关系，认识到其教育效果会呈现出隐性、延迟性和非因果性等特征，放弃过去较为封闭的、简单量化和程序化的教育方法和评价模式，重新确立动态、开放和多元的教育思路和范式转换。网络育人效果非线性的呈现同样表现在情感、体验成为与认知、理论教育同等重要的育人通道。一个触碰心灵、产生共鸣和充满启迪的文化产品通过互联网人际传播和聚焦放大，能够形成数倍于投入的传播辐射和教育效果。网络环境中基于个体情感、需要的交往对话、场域构建和"以文化人"成为获取青年大学生关注、传递情感态度和激活生命体验的重要手段和方式。与直接育人方式不同，情感体验、文化意义等教育元素以场域方式作用于个体，形成如空气般潜移默化的影响、习得或传承，多头并进地发挥其育人功能。我们需要反思过去对理性主义、演绎逻辑、因果关系的崇拜和至上的教育心态，从非线性角度去开拓网络育人新理念，剖析育人效果的显著及潜在影响因素和作用机制，用情感、对话、场域等力量调和过去育人模式的缺失，遵循互联网思想观念传播和影响规律，重塑具有吸引力、感染力和活力的网络育人生态。

三、网络育人中的舆情引导与管理

网络育人中的舆情引导与管理，指的是要针对高校网络舆情筛选出来的信息，采取科学合理的方式方法去进一步研究，明确大学生群体所处的舆论环境，以便对网络舆情进行相应处理。在网络舆情引导过程中，要注意引导的方法和引导的程序，同时要加强对网络舆情的管理。通过网络舆情引导，合理开展网络舆情管理，促进大学生所涉网络舆情朝着良性的、和谐的局面发展，这也是网络育人工作的重要方面。

（一）大学生网络舆情引导的方法

凯尔曼提出了态度形成或改变的三阶段理论：一是模仿或服从阶段；二是同化阶段；三是内化阶段。由于网络舆情信息具有互动性、多样性和突发性等特性，根据社会心理学对态度改变的研究，大学生网络舆情的引导方法是多种多样的。以下是几种基本的引导方法：

1. 劝说宣传法（说服法）

劝说宣传法是一种借助各种传播媒介来传播信息，影响人们，使之态度发生改变的方法，是一种极为常见和广泛使用的方法。这个方法体现着一个沟通的过程。在沟通过程中，劝说者（具有相应知识技能的专家教授或其他权威人士）与接受者（这里指大学生）之间进行语言和心理的对话。劝说者运用相应的知识技能对被劝说者进行疏导，使被劝说者的语言、行为和心理回归社会所需要的、符合主流的思想和行为规范。劝说宣传法较为直接，而且对大学生群体来说见效快。

2. 暗示法

所谓暗示，就是用含蓄、间接的手段、方式和方法对个体或群体的心理和行为施加影响。这种心理影响表现为使人按一定的方式行动，或接受一定的意见或信念。暗示的形式是多种多样的，可以采取言语的形式、文字和非文字的形式，也可以用手势、表情或其他暗号以及用以身作则、潜移默化等方法来进行。可以说，暗示法偏向于隐性，但其对大学生群体的舆情引导效果却是显著的。

3. 团体影响法

通过团体对个人的影响也可以有效地改变人们的态度。团体的影响来自团体的规范和准则，这种规范和准则对团体成员具有一种无形的约束力，促使团体中的每个人的一言一行与团体的规范准则保持一致。体影响法是体现团体精神的方法。大学生的言行举止往往会受到班级团体或者其他社团精神的影响，所以他们在日常网络中的言论必然会因维护团体的声誉而有所顾忌。同时，在团体的无形压力下，涉及舆情信息的大学生的态度会改变，从而保持与所属团体的言论、行为、规范、准则协调一致。

4. 求同存异法

所谓求同存异法，即舆情引导者在弘扬主旋律的同时要注意尊重意见的多样性。高校大学生网络舆情引导者须知，人与人之间存在思想、行为和道德之间的差距。例如大学生心智尚未完全成熟，容易冲动、理性判断不强，不可能使思想、行为和道德整齐划一。因而，在做舆情引导工作的时候，首先应尊重大学生的个性差异，其次通过劝说、暗示等方法，构建和谐的高校网络舆情环境。

除这些方法外，学者刘毅认为还可以有以下几种具体方式：一是典型报道方式，通过寻求典型，塑造典型，为大众树立一种规范标准；二是深度报道方式，运用传统媒体和网络媒体进行深度报道，达到引导舆情和稳定民心的目的；三是网络新闻评论方式，通过网络对社会热点问题的评论，表明党和政府的立场与态度，表达人民群众的诉求，以及加强政府和群众之间的沟通；四是"意见领袖"方式，利用专家学者或相关领域的权威人物去引导舆情，为群众释疑解惑，从而使舆情往好的方向发展。

(二) 大学生网络共同体舆情引导的程序

对大学生网络共同体舆情信息进行引导，特别是对大学生在 QQ、微博、微信等网络平台中产生的舆情问题，需要按照一定程序进行，逐步开展。

1. 确定对象

从舆情信息的搜集、整理和评价中，确定舆情发起人。确定舆情发起人是整个网络舆情引导工作的前提，这使得舆情引导工作不会出现"乱点鸳鸯谱"的情况，从而使引导工作落实到位。

2. 拟订方案

拟订方案是网络舆情引导工作的关键，不打无准备之仗。确定对象之后，要对对象进行人物个性分析，拟订具体的引导方案，使工作有序和有效地运行。

3. 进行疏导

及时进行疏导是网络舆情工作的重点。大学生舆情的产生，意味着问题的出现，出现问题，就应该及时解决。从大学生舆情信息的搜集、整理和评价到确定对象和拟订引导方案，目的就是进行及时的疏导。通过对涉及舆情的大学生进行及时疏导，使舆情环境恢复和谐。

4. 分析反馈

分析反馈是网络舆情工作的保障。要及时对舆情引导工作效果和结果进行搜集，从而对效果和结果进行分析与反馈。分析涉及舆情当事人的思想、道德、行为规范是否得到有效的引导且符合校园或社会期待。如果没有，则需要向大学生舆情工作者反馈并重新拟订引导方案，再次对其进行引导，直到其符合校园或社会的思想、道德和行为规范；反之，则总结成功经验，为日后相关网络舆情引导工作提供范例。总之，大学生网络舆情引导工作的分析反馈是整个工作的保障。

(三) 大学生网络共同体舆情管理

大学生网络共同体的特殊性和互联网的传播特质，使得有些大学生舆情信息存在虚假甚至是非法的内容。因此，在做大学生舆情工作的时候，除了使用上述舆情引导的方式方法、按照网络舆情引导的程序实施之外，最重要的、最有效的保障是加强大学生网络舆情的管理。应从社会法治、校园规章制度、信息管理技术和自我约束四个层面去管理大学生网络共同体的舆情，确保大学生网络共同体舆情环境更加和谐。

1. 加强社会法治

在社会法律层面对网络舆情完善立法，营造一个法治化网络环境。对社会上破坏社会主义和谐环境的言论和捏造事实的行为进行惩罚，依法处理这类违法行为。这对高校大学生使用网络起到极大的规范作用。

2. 完善学校规章制度

通过完善学校相关的规章制度，并要求学生熟悉学校的规章制度和纪律，营造一个良好的校园网络言论环境。对涉及网络舆情的学生，没有违法但是违规的，依据校规进行处罚。对违法违规的学生，移交司法机关，依法处理。这样，学校的规章制度才能起到较好的警示作用。

3. 提高信息管理技术

大学生网络共同体舆情信息的管理在技术层面可以看作是对虚假信息、不良信息及非法信息的封杀和过滤。在高校大学生运用网络的时候，信息管理者可以运用伪装 HTTP、DNS 劫持、TCP/IP 旁路阻断、路由过滤或者网关过滤等技术去进行信息的过滤、筛选或阻断，使大学网络信息环境更加清洁。

4. 大学生自我约束

大学生网络共同体舆情自我约束可以从两个方面来讲。一方面，大学生群体在上网的时候，应该约束自己的言行举止，养成不参与、不浏览、不传播有问题的网络信息或网站的习惯。另一方面，网站的管理者应该加强舆情信息的技术管理，对不良或不法信息进行过滤和阻断，从源头上防止大学生进入网络信息误区。

（四）加强"意见领袖"的培养

"意见领袖"是网络舆论的灵魂。在众声喧哗的互联网时代，培养一批具有大局意识、坚定政治立场的"意见领袖"具有十分重要的作用。"意见领袖"在互联网中的突出地位，并非来自外界某种压力的强迫，而是众多网民自发地转发、评论而产生的结果。"意见领袖"不同于现实群体中那种来自权威人士的压倒性气势所造成的无意识的盲从。从这方面看，"意见领袖"是"被"形成的，他们被众多网民追随和欣赏。草根阶层的迅速崛起，将互联网的"意见领袖"的这一特质逐渐放大，大大增加了"意见领袖"的网络动员力。随着互联网的发展，QQ、微博、微信等新媒体平台日益成为大学生传播信息、汇集观点意见、表达利益诉求的新途径。在这种背景下，我们要积极挖掘和培养"意见领袖"，主动占领大学生的网络思想阵地，引领网络舆论的正确方向，掌握话语权和引导权。

1. 发掘和识别舆论领袖

舆论领袖是指在人际传播网络中经常为他人提供信息，同时对他人施加影响的"活跃分子"。他们在传播效果的形成过程中起着重要的中介或过滤的作用，由他们将信息扩散给受众，形成信息传递。舆论领袖一般都是人群中比较活跃的分子，他们经常浏览各种信息，拥有较高的知识文化水平、坚定的评判立场和价值评价标准。他们把所知的东西，向人群中不太活跃的部分受众进行传播，从而产生影响。高校要积极识别和发掘网络中的积极分子，对他们进行有针对性的培养，将他们培养成为在高校舆论场中具有一定话语权威的"意见领袖"，积极引导网络舆论向正确方向发展。

从表现形式和活动频度来看，微时代的"意见领袖"可分为显性和隐性两种主体。前者一般是指那些通过微博、微信等社交媒体频繁发音、表现活跃的人。这类群体虽然无法或很少能像那些有名望的媒体人、成功企业人士、明星等通过类似微博"加V"认证（微博是经过官方认证的）的方式进行直观识别，但可以从其发布信息主题、发帖数量、被转发数量、被关注数量以及被评论（或被回复）数量等信息中进行比对、衡量和甄别。后者主要是指那些较少发布第一手消息或新闻，而是通过经常转载、跟帖和评论显性的"意见领袖"的群体。这类群体的发声或许难以达到如同显性"意见领袖"的"振臂一呼、应者云集"的效果，却也能通过自己坚持不懈的跟帖或精辟透彻的评论引起间接关注。如某高校学生宿舍区遭遇严重失窃的消息被某论坛曝光后，一些大学生"意见领袖"带头"声讨"和"谴责"学校管理不善。然而，在跟帖中却有一同学从课程时间设置的角度提出了一套解决失窃问题的独特方案，迅速引发了新一轮热议。针对这类群体则需要我们重点抓取其发声内容及 ID 账号出现次数等信息进行洞察分析和跟踪判断。除了数据分析外，还要充分发挥大学生思想政治工作的传统优势和特点，通过实施诸如对话访谈、日常观察、自我任命等多种行之有效的方法，从而识别和发掘真正的"意见领袖"。

2. 引导和规范"意见领袖"

从精英走向草根是微时代的重要语义。作为一支重要的草根力量，"意见领袖"在网络舆论场中发挥着重要的引导作用。我们要给予"意见领袖"充分的尊重和被信任感，积极维护他们的热情和自我价值实现的需要，善于利用他们的特殊影响力来化解校园矛盾冲突，稳定校园安全，引导大学生的思想和价值观走向。

"意见领袖"发布正面积极的信息可以引导网络舆论的健康发展，但是发布负面信息也会对校园网络舆论环境带来剧烈的动荡。因此，高校相关部门要积极引导和规范"意见领袖"的言行。首先，"意见领袖"要遵守纪律底线，在保持政治纪律和自由表达之间协调，并充分发挥好"把关人"的作用，不传谣不信谣，自身做到不发布不实信息，对可疑敏感信息严格把关，在信息不明、谣言满天的非常时期，"意见领袖"应发挥稳定人心的作用。其次，"意见领袖"需要慎重使用话语权。虽然微博、微信等媒体让每一个网民拥有"话筒"，给予"意见领袖"空前的话语权，但在运用微博、微信的时候，"意见领袖"的发言既要符合并体现党的思想主张和工作要求，也要学会网言网语，言之有物，不能哗众取宠，丧失底线，失去立场。要珍惜自己的话语权，避免因滥用话语权而造成的用语不当、言辞过激、曝光他人隐私等网络暴力行为，避免将微博作为发泄不良情绪的"垃圾箱"和引发其粉丝群体极端化现象的激化器，将不恰当的评判呈现给粉丝，导致网络上出现群魔乱舞的乱象，严重扰乱网络秩序。

3. 培育适合新形势发展需要的"意见领袖"

随着微时代的到来，适应新形势发展需要，培养好"意见领袖"已成为引领高校舆论和做好大学生思想政治工作的必然要求和选择。"意见领袖"应具有下列素质：

（1）坚定的政治立场

"意见领袖"要有坚定的政治立场，在面对大是大非问题的时候，能勇于站出来澄清事实，针砭时弊，用正确的价值判断标准引导舆论导向。同时，要严格遵守国家法律法规，筑牢底线，弘扬主旋律，传播正能量，从而确保网络舆论的信息导向正确。此外，"意见领袖"有两条底线须高度重视：一是社会成员共同遵守的道德底线不能突破。在道德底线上允许有最大的自由，如果突破道德底线，就会产生社会问题，影响社会稳定。二是法律的底线绝对不能突破。

"意见领袖"在面对网络中各种错误的价值观和社会思潮时不仅能张扬自己的个性而且要始终坚守正确的政治立场和社会主流价值观；在进行网络舆论引导的同时能不遗余力地为大学生提供有价值的事实信息；在面对各种过激言论及非理性言论进行反驳时能坚持巧妙疏导的原则。"意见领袖"提供的信息必须具有真实性，才能使大学生信服，从而发挥舆论的力量。此外，要在充分尊重各种不同观点和意见的同时进行积极的疏导，巧妙的疏导比严厉的堵塞更能产生舆论引导的效果。

（2）独特的人格魅力

互联网上汇聚大家之言，网民容易迷失在信息海洋中，更有一些不明真相的围观者容易受到别有用心者的引导，从而起到推波助澜的作用，给其他网民的心理造成严重的不良影响，影响社会稳定。因此，"意见领袖"需要不断地提升自身的道德素质和政治素质修养，积极与网民受众建立一定程度的信任感，增强自身的说服力，从而影响网络舆论的导向。"意见领袖"可以通过精湛的评论、幽默的语言积极参与热点问题探讨，理性引导网络舆论，力图在高校舆论场中传播正能量，讲好中国故事，进而提升自身的人格魅力，增进传播者与受众之间的信任感，征服他们的追随者。

（3）具备一定的媒介素养

媒介素养主要是指主体获取、分析、评价和传播各种网络媒介信息的能力。对于高校而言，"意见领袖"应具备一定的网络媒介基础知识及应对网络事件的能力，对大学生网络民意要具有辩证理性的媒介观，不断地提升自己的话语技巧，担负起公共领域发言人的责任，更好地引导网络舆论向正确方向发展。作为"意见领袖"应该自觉建立起一种道德信念和道德内省机制，在网络舆论中主动承担起相应的责任，从社会的整体利益出发，审慎地进行每一次传播，负责任地将自己的传播看作是对社会大众的精神指导。在舆论导向中要积极倡导社会正义、时代正能量，传递社会正气，传导向上向善、求真求实的理念，传播社会主义核心价值观。

（4）批判的能力

要积极挖掘"意见领袖"的主体性因素，发挥其主观能动性，使其在网络舆论引导的过程中对社会热点和重点的政治问题做出原创性的评价并积极主动地应对网上的质疑和责难。"意见领袖"的主体性是指"意见领袖"在参与互联网生活中具有的主体性意识，并根据主体自身的素质和主体自身所拥有的信息资源创造性地参与到网络舆论的导向中。目前，很多高校的网络舆论场都只是新闻的转帖和理论性文章、视频的简单呈现，缺乏原创性和对材料的深度加工，缺乏深层次互动，没有以马克思主义基本原理为指导去对社会热点事件进行原创性的深度分析。因而"意见领袖"必须自觉树立正确的网络政治意识，即洞察网络政治局势，发现网络政治事件；积极主动地应对网络上的突发事件，应对大学生对该事件的质疑和责难。"意见领袖"的创造性应体现在其网络评论中，运用原创性的评价及富于个性化的语言来探讨社会热点重点问题。

第三章　新媒体矩阵的构建

第一节　顶层设计

　　"矩阵"并非第一次出现在高校网络育人工作中，然而在此前的研究和实践中，普遍存在着两个方面的问题。其一，大多数高校管理者和大学生网络教育者对于新媒体矩阵的认识都普遍不充分，仅仅认为新媒体矩阵相当于全媒体的加总，或者说是"合并同类项"，即将所有掌握的新媒体素材和资源汇总在一起。这种汇总只是简单地积累，并没有对这些元素及其所包含的内容进行整理和区分，更遑论对其进行归纳、演绎与完善。此外，有数据显示，在目前的高校网络育人工作中，许多高校都没有完成不同系统、不同部门的联动工作。尽管每年都会有大量思想政治教育的专项经费投入，但由于没有充分认识矩阵的本质，所以在新媒体矩阵的素材收集上没有实现价值的最大化。其二，目前许多高校对于新媒体矩阵的认识仍停留在"Web 1.0"时代，仍是将网络、网站作为高校网络育人的载体进行研究，而没有更深层次地对新媒体进行挖掘，对于新媒体矩阵的传播方式和传播规律也没有进行仔细研究，从而依然采用原先的高校网络育人方式，依然采取从上而下的一般性灌输，内容也几近同质化，没有最大化地利用新媒体矩阵的传播规律。

　　高校网络育人的顶层设计在于正确认识和理解当代基于新媒体的高校网络育人工作理念，充分把握新媒体矩阵的本质特征和内在规律，充分掌握新媒体矩阵在高校网络育人中的内在工作原理，从而为研究基于新媒体矩阵的高校网络育人体系做好统筹规划。大学生网络教育者，尤其是高校领导，应该充分认识新媒体，高度重视新媒体矩阵，积极转变思想观念，从战略上、规划上加大对新媒体矩阵的重视程度，将新媒体作为当前高校网络育人的主要阵地，充分挖掘新媒体矩阵在高校教育工作中的作用，进一步完善基于新媒体矩阵的高校网络育人与传统课堂思想政治教育的融合路径，从而充分发挥新媒体矩阵在高校网络育人中的主导作用。

一、从战略高度重视新媒体矩阵对高校网络育人的重要性

新媒体作为互联网高速发展的衍生品，随着网络的发展而越来越受到大学生的青睐，自然对大学生的影响也越来越大。在这样的背景下，要加强大学生网络教育，就必须要充分认识新媒体和新媒体矩阵，准确把握新媒体矩阵的工作原理，这样才能在政策、制度、资源、环境、人员等各方面给予最适合的倾斜与帮助，从而充分调集各种力量，形成最适合新媒体矩阵建设和发展的环境，满足基于新媒体矩阵的高校网络育人发展要求。

第一，要积极树立新媒体意识，仔细研究和分析新媒体带给高校网络育人的改变和机会，深入挖掘新媒体在形成矩阵后的工作机理和所能发挥的作用，充分学会在运用新媒体矩阵丰富内容的同时，增强对教育信息的整合能力。第二，要积极培育全球化意识。当前的高校网络育人工作空前复杂，由于互联网打破了时空的束缚，使西方文明比以往任何时候都容易对国内尤其是对青年大学生产生巨大的影响。此外，青年大学生正处于对国际政治、经济、文化等领域十分敏感的成长期，对于政治、经济、文化等具有浓厚的兴趣，希望在相关领域积极出言发声，所以高校网络育人者要积极与国际接轨，了解国内外形势，以便更好地开导大学生，从而使其不受到西方不良思潮等的影响，树立正确的价值观。第三，要建立主体意识。立足于大学生网络教育的新媒体矩阵是高校网络育人的重要载体。在各种网络信息交汇的当前，要针对大学生的思想动态、心理状况、精神需求及对未来生活的希望与憧憬进行充分调研，积极运用适合大学生的新媒体工具和形式，从而获得大学生的接受与认同。第四，要培养不断完善的高校网络育人创新意识。互联网时代最大的特点是创新与发展，二十多年的高校网络育人发展历程也充分说明了这一点。载体的创新是高校网络育人创新的起点，所以基于新媒体矩阵的高校网络育人也要不断创新发展。从当前而言，高校网络育人由单向向双向、封闭向开放、灌输向引导转变，未来还可以向共享、智慧等诸多方向转变。第五，高校网络育人的建

设要确立共享共赢的理念。高校网络教育不能仅仅是单纯的高校内部教育，要确立共享共赢的理念，要积极发挥校际共建的有利关系，充分发挥学科共建、资源共享、师资互补的优势，形成大思政、大德育的平台，从而为打造适合大学生的思想政治教育新媒体矩阵奠定基础。

二、以科学态度探究基于新媒体矩阵的网络教育内在规律

高校网络育人是一门与时俱进的学科。新媒体矩阵作为高校网络育人者的教育载体是随着时代的发展而不断发展的，所以对新媒体矩阵的创新不仅要体现在实践上，还要积极进行探索，从科学的角度分析大学生网络教育的发展，从而抓住其建设的内在规律，进而与实践相结合。新媒体矩阵的内在规律与它的特点息息相关，即充分把握新媒体矩阵的系统性、同一性、动态性、自由组合和立体性，从而最大限度地发挥其在思想引导、内容制造、主流传播、文化演绎和舆情监控方面的作用。在新媒体矩阵的内在规律中，首要的是系统性。系统性是指系统地看待网络教育的主体、客体、介体、环体，将其整合运用在各类新媒体媒介上。同一性可以最大限度地发挥各种新媒体媒介的力量，使之朝着教育目标的方向发挥力量，在这个过程中，同一性可以使各个新媒体媒介互为补充、互相提携地开展教育。动态性是新媒体矩阵内在规律的不变特点，新媒体矩阵虽然是不断变化的，但根据同一性的原则，不断变化的新媒体矩阵却总是基于教育和形势的需要，动态地、有侧重地选择矩阵中的各个要素进行组合，以求达到教育的最佳效果。自由组合是在动态性上的进一步提升，通过自由组合，可以将新媒体矩阵的各种资源根据教育的需要和目的进行调整，从而形成有利于教育的最佳组合。内在原理的立体性则是为了满足教育者的需要，根据教育者的要求，进行"定制化"的立体打造，从而有针对性地实现大学生网络教育者的目的，进而实现教育有所为，有所不为。

新媒体的发展极大程度地削弱了高校网络育人者对大学生的影响，削弱了教育者对教育内容的掌握，削弱了教育者对教育载体的控制，使网络上复杂多样的各种信息都直接暴露在大学生的面前。在这些信息中，不乏令人振奋的正面信息和激励上进的引导信息，但也有消极腐朽的负面信息和令人抵触的反面信息，其中既有优良的先进文化，也有腐朽的文化思潮。要运用新媒体矩阵开展积极有效的高校网络育人，就必须详细了解新

媒体矩阵的基本情况，从而开展基于新媒体矩阵的高校网络育人研究，并将其运用在实际教学中，从中总结遇到的问题，进而分析解决，形成基于新媒体矩阵的高校网络育人理论体系，确保在新媒体环境下，运用新媒体矩阵开展高校网络育人工作的有效性。当前，许多国内高校都已经充分认识到了新媒体对于高校网络育人的重要性和必要性，都相继采取积极的措施加强了各自的高校网络育人工作力度。部分高校不仅建立了各自关于高校网络育人的微信、微博，还在相关领域进行了全方位的研究与实践。虽然各高校在实际的教学实践中取得了一些成绩，积累了相当的经验，但仍存在不少问题。要切实解决好这些问题，就要从理论角度重新研究大学生网络教育，分析其内在的工作原理。首先，要继续深入开展对新媒体技术的研究，挖掘新媒体技术对大学生思想和行为的影响；其次，要加强对大学生网络话语和话语体系的研究，从中挖掘大学生的网络思维、网络表述和网络行为，从而为研究适应大学生的网络思想政治教育提供帮助，进而降低大学生对网络教育的抵触，提升其对高校网络育人的喜爱，提高大学生网络教育的有效性；最后，要切实加强对当前网络舆论环境和网络传播规律的研究，摸索出能够因势利导、化解情绪的先进教育方法。新媒体技术对当前社会环境所产生的冲击及在高校网络育人领域所引发的变革都意味着传统的高校网络育人方式需要做出重大改变，这不仅是对内容、对象、手段、载体等方面的全方位改变，更是对教育者教育理念的转变，需要教育者在新媒体高速发展的形势下，用科学严谨的态度去分析环境和技术的变化所带来的一系列演变，从而把握网络舆情的特点，进而实现基于新媒体矩阵的高校网络育人的创新。

三、从实践出发设计全方位覆盖的校院班三级新媒体矩阵核心

高校网络育人新媒体矩阵的核心应来源于教育的过程，即在实践中建立其核心，简而言之，是由各所高校的党委按照不同的教育主体、不同的教育体系、不同的教育内容，设置不同的新媒体账号，从而通过这些多层次、多主体、多类型的新媒体账号形成全方位、多维度的高校网络育人新媒体矩阵。从目前已有的建设情况看，各所高校的新媒体矩阵可以简单划分为两部分，其一为高校微博，其二为高校微信。在这其中，又可以主要分为以下几类：一为教育者、大学生、校友等开设的个人新媒体账户；二

为院系、职能部门、学生会、学生社团等组织开设的单位微信、微博。这些微信、微博构成了目前高校新媒体矩阵的雏形，初步形成了以学校官方账号为中心的多级别、多层次、多维度、多功能的高校新媒体矩阵。在这个简单的新媒体矩阵中，学校层面的微信与微博账户是核心，是新媒体矩阵的关键，是新媒体矩阵的第一层；第二层是包括职能部门、广大师生等在内的新媒体媒介，这些是新媒体矩阵的触角，是新媒体矩阵的抓手；第三层是上述新媒体矩阵中所没有的，却已经存在的，即校友和社会主流新媒体媒介。这些看似单独存在的新媒体媒介相互关联、相互关注，从而形成了一个庞大的新媒体矩阵，打通了校内外的新媒体渠道。所以，在设计高校网络育人新媒体矩阵的过程中，要充分考虑全程育人、全员育人、全方位育人，不仅要发挥校内资源的作用，还要将社会资源考虑其中。网络是没有边际的，我们可以充分运用新媒体的优势，打造全方位的高校网络育人新媒体矩阵。

第二节　精准定位

精准定位是指网络教育者为了实现教育目标，精准定位大学生状况、教育过程等多个元素，进而着力打造适合的新媒体矩阵，从而使教育取得预期效果。精准定位的关键在于网络教育者与大学生之间的信息畅通，一般而言，精准定位有两种情况：一是大学生原来就处于正向状态，经沟通后，要建立正面加强的新媒体矩阵，使大学生的思想水平得到进一步提高；二是大学生原来处于逆向状态，要建立引导规劝的新媒体矩阵，使之改变态度，从而实现思想政治教育的目的。要建立科学、合理的新媒体矩阵，要精准定位下面五个方面的内容。

第一是教育语言。正如前文所述，大学生的网络语言是一门复杂的学问，网络话语可以极大程度地影响新媒体矩阵的教育效果。不同的网络话语表现形式可以发挥不同的功效。由于生源地不同，每位大学生的家乡不同、文化背景不同、成长经历不同，其个人的价值观也大相径庭。而随着时代的不断发展，尤其是网络技术的发展，各种网络语言不断涌现，各种网络表情层出不穷，仅以微信为例，表达同一含义的表情甚至可以有十余种之多，然而细分之下，同一关键字段的表情也都有细致区别，更遑论多音字、多义字、新创词、多义词、符号文字、表情文字等，这些既为高校网络育人增加了趣味性，也增加了教育的难度。

第二是教育过程。随着互联网的发展，在高校网络育人过程中，教育对象越来越容易受到外界的干扰和影响，教育者无法完全排除环体对于客体的影响，细致看来，主要可以分为三种情况：其一是大学生网络教育者的教育信息被"过滤"。信息的成功传递分为发出和接受两个部分，然而，在教育的过程中，教育者会发出其认为有效的教育信息，虽然这些教育信息符合教育者的意愿，却不一定为大学生所接受，大学生在看到教育信息的标题后，很可能会选择忽视，从而使信息无法有效被其接受，自然也就无法达到教育的效果。其二是教育信息的矛盾。目前由于互联网的发展，各种信息交汇在新媒体媒介上，然而各种信息的目的、意义和发挥的作用并不相同，同义的信息在不同的语境中都会有不同的含义，更不用谈其他。此外，这些信息在新媒体媒介上都是相对开放的，大学生可以自由选择合适的信息进行学习，这样开放的平台和多样的信息会使大学生产生不知所措的感觉。其三是信息承载量过大。正如情况二所言，在信息化时代里，信息量巨大，新媒体媒介众多，教育的交互双方沟通速度也大大提高。这些在给高校网络育人过程带来便利的同时，也带来了许多新的问题，如信息加载量过大，超过了大学生希望接受的范围，大学生就会选择接受一部分信息，而忽视一部分信息，这其中可能包含有效的信息，在接受前，大学生无法判断其有效性，自然也就无法接受教育。

第三是大学生心理状况。大学生心理状况对于高校网络育人而言也十分重要。在教育的过程中，接受力和承受力强的大学生可以接受较多的内容，而接受力较弱的大学生则相对接受较少，但两者都会放弃其中的一部分内容。大学生接受力出现差异不仅有客观的原因，其自身的认识水平、情感状态、个性特征等心理因素也相当重要。例如情感，它对于高校网络育人信息的沟通影响就较为明显。如果高校网络育人者极具人格魅力，那么对于大学生而言，就可以产生巨大的正面影响，对于他所教授的内容，大学生会非常乐于接受；反之，如果教育者缺乏人格魅力，大学生则会对其产生反感，对其所传授的教育内容就会有所抵触，教育的效果也相对较差。

　　第四是教育者与大学生知识水平的差距。这种差距是普遍存在的，且是双向存在的。首先是教育者，在教育过程中，教育者会根据自身的知识和经验，对教育信息进行选择，进而教授给大学生，大学生会在自身的知识领域内进行学习。然而对于教育者而言，其在新媒体方面的知识一般逊于大学生，对于新媒体的运用水平也相对低于大学生，所以其无法使大学生较好地理解所教授的内容。两者之间的差距，会使基于新媒体矩阵的高校网络育人效果大打折扣。

　　第五是最为关键的要素即新媒体的组织架构。新媒体矩阵作为一个动态的组织结构，其间包含了许多媒介和环节。这些媒介和环节虽然构成了新媒体矩阵，但是也正因为它们，为矩阵的运行制造了许多障碍。众所周知，一两个元素所组成的组织容易控制，相反，元素越多则控制的难度越大。越复杂的机器要正常运转，其难度也就越高，新媒体矩阵也正是如此。由于新媒体矩阵所具有的新媒体媒介和环节很多，在教育的过程中，会带来很多"累计性损失"，这些会给教育的过程增添许多障碍，也会使教育发生延期，从而无法实现预期的效果。

　　综上所述，在建立新媒体矩阵进行大学生教育工作时，要避免产生这些问题，就要注意以下四个方面。

　　首先，高校网络育人者需要发布有关的教育信息。这些信息是教育者在了解大学生的需要后，挑选出的其认为能够对大学生发挥教育作用的信息。这些信息具有一定的倾向性和指向性，能够帮助大学生解决自身的困惑，树立正确的价值取向，这是教育过程的关键。其次，教育者要选择合适的新媒体媒介。当前的新媒体种类繁多，如上文所说的微信、微博、数字电视、手机电视、播客等，这些都是具有巨大影响力的新媒体媒介。这些新媒体媒介是教育者可以依赖的教育手段，不同的教育媒介可以发挥不同的作用，合适的教育媒介可以发挥出事半功倍的作用。不同新媒体的使用的对象和内容各不相同，教育者因此需要选择合适的新媒体媒介开展教育，进而提高教育质量。再次，大学生要接受教育、理解教育内容，这就是传统管理学中所称的"解码"，但实际上，这个过程要较我们所谈论的内容更为复杂。这里所说的"解码"之所以较电报解码更为困难，是因为电报解码是固定的，而大学生是具有主观意识的，其状态是随时会发生变化的，要根据大学生的自身状态和价值标准进行实时"解码"，这无疑会给教育增加难度。最后,大学生要对教育者所传输的教育信息做出反应。一般而言,大学生的反应可以分成三种,一是接受教育,这里又可以分为两种情况,其一是愿意接受,其二是不愿意接受。二是认知,认知即大学生对所接到的教育信息进行理解和学习。三是行动,行动又分为两种情况,一种是愿意将所学到的内容转为行动,一种是不愿意将所学到的内容外化为行动,两者都是对教育行为的反馈。教育者通过对这两种行为的关注,从而获得教育反馈,新的一轮高校网络育人也正是在这样的新媒体信息回流间产生的。

第三节 多管齐下

高校网络育人是一项庞大的系统性工程,仅仅依靠教育主体、教育客体,很难做到教育效果的提升,要多管齐下,多措并举,从各方面入手,全方位地提升高校网络育人的效果。

一、整合新媒体媒介资源

在新媒体时代,各种信息在互联网上高速传递,最后通过各个新媒体媒介展现在大学生的面前。高校网络育人者要从海量的信息中选择出符合大学生状态、满足大学生需要的有效信息,所以新媒体矩阵成了高校网络育人者和大学生获取信息的重要手段和途径。

如何充分运用新媒体矩阵为大学生找到合适的、解决困惑的信息,满足教育双方的供需矛盾,成了当前高校网络育人工作的重点。

新媒体矩阵的构建就是要最大限度地汇聚资源,打破传统教育媒介的时空壁垒。新媒体矩阵是当前高校网络育人者与大学生之间的纽带与桥梁,是高校网络育人资源汇聚共享的承载工具。新媒体矩阵将各种国内外信息联系在一起,建立了集成的数字资源传播体系,为高校网络育人的发展奠定了宝贵的信息基础,有效拓展了传统的教育课堂,实现了信息的增值。当前,对于高校而言,最重要的工作是进一步提高高校网络育人者的信息资源整合能力。尽管许多教育者已经能够使用网络进行教学,部分高校的教育者也开始尝试用新媒体进行教育,但是对于教育资源的整合尤其是跨范围的整合，程度依然较低，信息资源的集中利用效率也不高。在新媒体强大传播能力的影响下，高校网络育人者要充分运用新媒体矩阵的优势，充分发挥各种新媒体媒介的作用，汇聚各种各样的新媒体资源，实现有效的互动联通，从而打造出高校网络育人者的教育"蓄水池"。此外，高校网络育人者应该重新确立新的思想政治教育网关，发挥新媒体的网络舆论过滤作用，对校内的新媒体实施网络舆情的监测与监管，加强与大学生的信息互动。高校网络育人者要充分学会运用新媒体和新媒体矩阵，排除不良信息、虚假信息、不法信息对大学生正在形成的世界观、人生观、价值观产生的负面影响。高校网络育人者应该积极化被动为主动，改变传统被动的教育模式，主动净化校内新媒体环境。

二、强化新媒体的互动作用

尽管现在的校内新媒体关注粉丝较多，然而，存在着"僵尸粉"现象。所谓"僵尸粉"现象即这些新媒体虽然有许多关注者，但这些关注者只是完成了关注动作而已，并未真正通过这些新媒体媒介学习和了解相关知识，换而言之，这些新媒体媒介并没有发挥出应有的作用。概观当前的高校新媒体平台，所谓的互动，即是大家在留言板上进行评论，而针对的内容也是一些呆板的、不契合实际的信息，这些校内的高校网络育人新媒体媒介发布的大多是一些传统教育信息，部分信息甚至是五年前、十年前的材料，不贴合大学生的日常生活，而且部分高校还有关于浏览点击的隐形指标，使这些新媒体成了新的"校园公示栏"，完全失去了应有的互动交流作用。作为新媒体媒介，尤其是高校网络育人的新媒体媒介，大学生的个性化需求是新媒体媒介存在和发展的根本所在，高校不能盲目地为了发展新媒体而发展新媒体，而是要仔细研究新媒体的作用，深度挖掘其在互动方面的功能，只有打通教育者与大学生之间的互动通道，才能使教育者真正了解大学生的需求，才能使大学生真正乐于去接受教育，这些才是新媒体媒介、新媒体矩阵真正的作用所在，也是其核心的价值所在。所以，高校网络育人应该积极转变其教学的理念与方式，强化互动的意识，通过发挥新媒体矩阵在线互动、开放互动、匿名互动、话题互动、多形式互动的作用，将传统的高校网络育人的谈心、辅导等工作转化为形式多样的网络互动，从而降低大学生的抵触情绪，在尊重大学生隐私和实现为大学生保密的要求下，提升教育的精准度。这也是以人为本的高校网络育人所应有的态度和方式。

三、创新传播内容及形式

新媒体矩阵的运用对高校网络育人最佳效果的实现尤为重要。一方面，大学生希望通过新媒体平台与教育者进行互动，并从海量的教育信息中获得自己想要的内容。另一方面，新媒体环境在为高校网络育人者提供充足资源的同时，也要求教育者能够找到适合这些资源传播和教授的方式，而不是简单地将其固化在网站上、网页上、新媒体的展示页面上，因为这样就忽略了新媒体的传播互动作用，也将高校网络育人的内容平面化了。所以，基于新媒体矩阵的高校网络育人要创新其传播形式和内容，通过 HTML5 等多种形式强化教育效果，吸引大学生的注意力。目前所流行的短剧表演、微摄影等形式都是上佳的表现形式，可以将它们融入新媒体媒介中，并将这些成果在新媒体上进行展示，这样可以有效提升教育效果，转变教育双方的主导地位，从而使教育成为平等、双向的。

四、紧跟新媒体发展趋势

新媒体的融合步伐加快，为高校网络育人提供了适合的教育载体。目前，新媒体虽然已经开始被应用到高校网络育人的过程中，但是新媒体的融合却并未实现。高校网络育人者如以往运用传统的网络载体一般，单独地使用着每个新媒体媒介，如微信、微博、播客、手机电视等，这些新媒体固然能够发挥出自己的作用，却不能产生"1+1>2"的效果，没有发挥资源互补、路径互补的优势。而随着新媒体的发展，越来越多的基于数字技术开发的新媒体媒介会不断出现，这些先进的新媒体媒介会产生不同的效果。所以，要深入研究这些新媒体的特点，找到不同新媒体的契合点，使之能够发挥融合作用，从而形成新的高校网络育人新媒体矩阵，发挥更大的效果。

新媒体交互化程度的提升，促进了高校之间网络教育的信息资源共享，其融合是未来高校网络育人载体发展的必然趋势，所以要进一步加强新媒体之间的融合发展，而融合的关键在于通过互联网实现新媒体媒介的交互发展，形成良性的资源共享、渠道共享的平台。高校网络育人可以利用新媒体媒介、新媒体矩阵集聚不同地区、不同高校的优质高校网络育人资源，实现教育的良性互动与循环，从而在降低教育成本的同时，形成共享共赢的良好局面。

新媒体矩阵的发展也将更加人性化，这与未来高校网络教育"以人为本"的发展方向相契合。尽管新媒体矩阵是以数字技术为基础研究和发展的，但是其研发的目的之一就是为了更好地满足人们的个性化需要，更便捷、更自由地获取自己想要的内容。换言之，交互式与个性化是高校网络育人新媒体矩阵研究的主要目的。所以，新媒体矩阵的发展要进一步坚持以人为本的理念，继续将大学生的个性化需求和教育者的个性化要求相结合，在打破现有条件束缚的情况下，实现对大学生需求和教育需要的预判，从而发挥新媒体矩阵的作用。

新媒体更加即时化将成为快速响应学生诉求的利器。随着互联网对大学生的影响越来越大，大学生的日常生活越来越依赖互联网。手机作为大学生日常必备的用品，其内的新媒体工具为大学生学习与生活提供了无限的便利。所以，大学生网络教育要积极依靠新媒体媒介，将新媒体媒介作为了解和响应大学生诉求的通道，对这些新媒体工具的建设要做到齐头并进、多措并举，从而实现教育效用的最大化。

第四节　三全建功

正如前文所述，高校网络育人是一项系统性过程，是一个完整的整体，要提升其实效性，就要全面完善其教育过程的结构，从各方面同时进行优化与调整。

一、树立"多主体–去中心化"的新媒体全员育人理念

基于新媒体矩阵的高校网络育人是一个开放的、全员参与的网络教育过程。在这个过程中，高校、高校网络育人者和大学生都是教育的主体，这与传统的网络教育有所不同。

"多主体"是对当前高校网络育人工作的颠覆，传统的高校网络育人的上下级关系已经变成了平等的发散式关系。高校网络育人的全方位要求

极大地拓展了教育主体的范围，打破了主体的边际，从而形成了一个多层次、多线条的多点教育网络。所谓的"去中心化"是指教育者的多点化和教育介体的多样化都使传统的高校网络育人中的教育主体、教育客体不再是唯一的教育中心，大学生网络教育者的权威被不断削弱，教育者与大学生之间的关系被新媒体矩阵重构，从而出现了教育者与教育者、教育者与大学生、大学生与大学生的多主体教育关系。这样的教育关系外扩了教育的边界，增加了教育者的数量，从而形成了全员育人的新媒体氛围。

二、打造"无边界–有共识"的全过程无限制新媒体矩阵

根据高校网络教育工作的要求，即"努力构建全员全过程全方位育人格局"，就是要打破高校网络育人的"边界"。然而，要完成这些教育边界、教育者边界、教育介体边界、教育环体边界的融合，就需要在新媒体矩阵的建设上采取无限制的无边界模式，从而在建设思想上突破传统媒介思想的限制，打造一个无边界、有共识的全过程育人体系。

"无边界"指的是高校网络育人要在新媒体矩阵的帮助下，构建开放的、没有限制的教育模式，如教育育人、科研育人、实践育人等，这些育人模式可以通过新媒体矩阵有机地结合起来，从而构成跨领域的育人新格局，形成全方位的育人模式。当前，在高校网络教育中，只有实践育人、课堂育人等单一的模式，模式与模式之间并未产生并联。而新媒体矩阵的出现，可以有效打破线上线下相对独立的教育模式，从而使课堂教育由线下向线上线下联动转变，并将课堂的学分与实践、科研相关联，将课堂的问题引入实践与科研之中，通过新媒体矩阵整合校内外的课题资源，打破各种范围、时间、空间的边界，构建全方位、无边界的新媒体育人平台。

"有共识"的新媒体矩阵是指新媒体矩阵的建设目标是一致的，都是为了更好地宣传社会主义核心价值观，更好地推进理想信念教育，也是为了更好地开展大学生网络教育。此外，共识还包括充分运用新媒体矩阵进行高校网络育人。

三、建立"个性化–大数据"的学生全方位发展档案

个性化是新媒体矩阵建设的重要目的，也是新媒体矩阵的发展目标之一。高校可以依托新媒体媒介和新媒体矩阵为大学生量身定做其个性化的

学习计划、学习课程和学习档案。

"个性化"不仅是对大学生个人情况的"私人定制",更是对其课程的"私人定制"。通过新媒体矩阵,大学生网络教育者可以定向了解大学生运用新媒体所进行的日常学习、生活行为,从而获取其学习、生活等信息,进而提炼其兴趣爱好和行为习惯,同时,也可以对大学生个体的性格、心理状况等进行及时、有效地判断。这些都将成为大学生网络教育开展的基础资料,也能为大学生网络教育者进行针对性教育提供帮助,从而为大学生设计出具有差异性的课程。这些差异性的课程也是个人的个性化课程,可以充分满足大学生自身的需要。

"大数据"是新媒体矩阵的又一发展目标。通过大数据,大学生网络教育者可以广泛、详细地对大学生进行数据采集和分析,也可以通过对不同新媒体媒介的点击、浏览,将不同的网络行为进行汇总,从而形成一个有效的数据集合。这个数据集合不仅仅针对大学生的个性化需求,也可以从中提炼出大学生群体的共性,进而形成共性的教育模式和内容。当各种大数据信息汇集后,我们可以建立大数据平台,了解当代大学生的思想动态和价值观念,为高校做出整体性的大学生网络教育规划打下扎实基础。

目前,全国的各所高校都已开始逐步建立自己的新媒体媒介,但要注意到,这些单独建设的新媒体媒介虽然较传统的大学生思想政治教育而言所能发挥出的力量已十分巨大,但没有形成矩阵则无法发挥出几何倍数的力量。所以,要充分了解各种新媒体媒介的特点和作用,形成教育合力,从而将高校网络育人工作贯穿日常工作与生活的全过程,实现全程育人、全方位育人,努力开创高校网络育人事业发展的新局面。

第四章 新媒体矩阵在高校网络育人中的应用

第一节 以教育者为主导

在新媒体时代，相比原有的网络教育工作，网络育人的形式、对象、内容都发生了巨大的变化，所以，加强对高校网络育人新媒体矩阵实践的研究总结，能够帮助教育者更好地发挥新媒体矩阵的作用，更好地开展大学生网络教育工作。

新媒体矩阵的最大作用，即整合校内外新媒体资源，形成针对性的高校网络育人合力。

一、党政齐抓共管，宏观指导

高校网络育人工作作为高校党委的一项重要工作，各高校党委应当旗帜鲜明地站在高校网络育人工作的第一线，带头抓高校网络育人工作，带头管阵地、把导向、强队伍，带头批评错误观点和错误倾向。高校党政主要领导要积极抓好统筹、协调、指导工作，积极使用新媒体矩阵了解全校各方面的运行情况和高校网络育人状况，以便做到宏观决策，正确引导。党委成员要根据工作分工，按照"一岗双责"要求，运用新媒体矩阵抓好分管部门、单位的网络思想政治教育工作，及时通过新媒体矩阵做到信息和状况在第一时间能够上传下达，保证校党委常委会、校长办公会对相关事宜、相关教育的决策部署能够及时传递到院系、师生之中。院系、职能部门要充分发挥新媒体矩阵对于高校网络育人工作的指导与管理作用，通过运用新媒体使高校各方面工作能够在党政班子的领导下平稳开展，使师生的思想、行为状况能够第一时间被获取、处理、上报。新媒体矩阵的使用能够将校、院、人之间的关系变得更为紧密，帮助高校党政班子齐抓共管，做好精确领导。

二、组织、宣传、教育部门各负其责

高校网络育人体系不是一个单独存在的个体，而是由各部门、各单位所组成的。当前，各所高校都拥有大量的学生，庞大的学生数量使高校网络育人工作各方面的情况也愈加复杂。仅仅依靠现有的高校网络育人者则远远无法实施行之有效的高校网络育人，所以要充分发动全校的组织、宣传、教育等部门，在高校党委的统一领导和新媒体矩阵的整合促进下，形成高校网络育人合力。基于新媒体矩阵的高校网络育人工作格局应该是党委统一领导、党政齐抓共管、组织部门组织协调、宣传部门管控引导、有关部门分工合作、专业教师授课教学、学生组织参与支持的良好局面。此外，各部门要分工合作，切实避免出现相互推诿的局面，要利用新媒体矩阵，在搭建合作平台的时候，建立目标分解清单。同时，在进行基于新媒体矩阵的高校网络育人过程中，要加大宣传引导力度，积极使全校师生真正了解校内网络育人新媒体矩阵的特点、优势和工作原理，引导教育者积极投身新媒体矩阵的建设中，吸引大学生积极参与到教育的过程里，形成全校参与的高校网络育人氛围。例如，高校党委宣传部应该主动抢占新媒体平台的先锋阵地，加强对内容的管理，及时对网络舆情进行处置；高校信息中心作为高校信息技术管理和网站运维的职能部门，应主动强化校园信息安全管理，加强校园防火墙建设，帮助审核与过滤新媒体矩阵中的不良信息；学生工作部（处）、团委作为学生的管理和服务部门，要积极开展各类校园文化活动，通过新媒体运营等形式，吸引大学生参与到活动中来。另外，作为隐形教育的校园文化活动、志愿者活动，能够帮助高校网络育人者在课堂外对大学生进行教育。这些活动可以通过微视频、微志愿等多种形式，在新媒体上组织开展，从而发挥大学生的主观能动性。此外，相关院系和思想政治教育专职教师，应该仔细研究新媒体矩阵，将课堂教学与新媒体相结合，形成线上线下联动的教学模式，进而制作出大学生喜欢的思想政治教育内容。

三、家庭、学校通力协作

家庭教育具有的渗透性和一定的不自觉性，是其他教育模式所无法替代的，家庭教育涉及大学生的方方面面，对青年的知识、情感、信念、行为习惯等都起着潜移默化的作用，要充分发挥家庭的教育功能，营造良好的网络思想政治教育环境。此外，父母最了解子女思想和性格，他们可以通过新媒体矩阵了解孩子的思想动态。这里的新媒体矩阵并不是简单的新媒体集合，而是父母与孩子两者通过多种新媒体形成的矩阵。通过新媒体矩阵，父母与孩子可以在直接交流的背后，架起新的沟通渠道，父母也能与学校进行密切地配合，从而对大学生进行有针对性的教育，进而起到事半功倍的效果。

当前的社会环境里，大学生产生网络道德等诸多问题的原因十分复杂，其中家庭因素不可忽视。作为学生的"第一任老师"，家长要转变传统的家庭教育观念，改进以往的教育方式，与子女在平等尊重的环境中多进行交流沟通。大学生正处于青年的叛逆时期，对于各种事物都有其独特的见解，对许多事物会有不同的看法，网络上的"好友不共圈""发帖屏蔽你"等现象比比皆是。家长的平等沟通能够有效降低大学生的抵触情绪，给大学生塑造良好的沟通环境，从而帮助大学生及时解除困惑。此外，家长还需要不断增强信息素养，学会通过朴实的网络语言与大学生进行交流，这样可以迅速拉近家长与大学生之间的年龄代沟，从而帮助大学生更好地吸取家长的成长阅历与经验。虚拟的新媒体矩阵在帮助家长更好、更直接地了解大学生动态的同时，还可以帮助他们及时与学校、高校网络育人者进行交流，从而提高高校网络育人的有效性。

四、社会力量广泛参与

大学生的网络思想政治教育环境与社会环境密不可分，息息相关。在正常的情况下，大学生接受思想政治教育的过程不可避免地会受到外界的干扰，所以，社会环境对于高校网络育人而言尤为重要。而社会环境并非只会对大学生产生负面的影响，也会对大学生产生正面的激励、引导与教育作用，且正面的作用远远大于负面的影响。在社会中，各种力量汇集，通过新媒体媒介产生作用。首先是最直接也是最强大的政府的公共管理能力与公信力。政府的管理能够发挥中流砥柱的作用，通过制定和完善相关的政策法规，从根本上直接规范大学生的网络行为，引导大学生树立正确的思想道德观念。此外，政府还可以与高校配合，建立思想意识形态的管控引导机制，由高校进行贯彻落实，从而形成全方位关心、引导、管理大学生思想状况的工作网。其次是舆论影响。新媒体媒介上的各种舆论作用会对大学生产生巨大的影响。正面、积极的舆论会帮助大学生树立正确的人生观，形成良好的世界观，反之则会使大学生对政府和社会，以及教育产生不信任或者抵触等负面情绪。所以，要积极加强主旋律的宣传与引导，发挥新媒体的社会舆论凝聚功能，充分利用正确的舆论引导大学生，使大学生学习、生活在一个健康的舆论环境中。通过新媒体矩阵，政府、高校可以有效掌控信息状况，及时澄清舆论，积极净化网络环境，合理引导学生成长，从而营造适合大学生成长的环境。

第二节　关注学生特点

教育效果是高校网络育人的目标所在。然而，当前大学生群体的个性特点十分复杂，不同的大学生的成长特点也不同，所以其教育需求也不尽相同。新媒体矩阵能够有效关注学生特点，及时精准定位大学生的网络思想政治教育需要。

一、多途径了解需求

新媒体矩阵可以帮助高校网络育人者从多种新媒体媒介中了解大学生在网络思想政治教育过程中心态、情感等需求上的变化，从而及时将大学生的个性化要求传递给教育者，教育者可以根据不同渠道反馈的信息，进行综合汇总分析，从而掌握大学生的所思、所想和所惑，进而决定最合适的教育内容，并选择大学生最容易接受的载体与形式进行教育。这种及时响应需求、符合大学生性格的教育方式，往往能够收到事半功倍的效果。当前，在高校网络育人的载体中，比较受大学生青睐的主要有"两微一端"即微信、微博、客户端，以及慕课、博客、播客、QQ、HTML5、手机电视等。这些都是受到"90后""95后"，甚至"00后"所喜爱的新媒体媒介。

当然，不同年龄段的大学生对于不同形式的新媒体也有着不同的偏好和倾向。相对而言，"90 后"的大学生比"00 后"的大学生，性格更加开放，更加注重公开的社交沟通。所以，在一定程度上，"90 后"的大学生更喜欢微博之类的社交媒介。微博与博客有许多相似之处，属于半开放式的新媒体媒介，能够充分展现大学生的个性特点，表现出大学生的个人需求与变化。与一些传统的网络媒介相比，微博可以更广、更多、更便捷地实现一些功能，使大学生能够快速地掌握和交换信息，也可以便捷地将其自身的思想、心理、行为状况反映出来。作为一种长时的交流形式，微博的交流对象更加广泛，有利于双方对彼此的思想问题进行整理与思考，同时也为个人感情的宣泄与表达创造了有利的条件。大多数大学生认为，文字可以更好地帮助他们演绎真实的自我，在微博的平台上，大学生们可以通过文字与图片和与自己具有共同语言的人敞开心扉，充分沟通。高校网络育人者可以在平台上与大学生进行充分交流，及时排解大学生的疑惑与困难。此外，微博还能根据大学生的兴趣特点，形成个人独有的网络环境，为大学生储备希望了解的知识内容。

慕课是当前高校网络育人的一种新的教育方式，其英文直译是"大规模开放的在线课程（Massive Open Online Course）"，是一种在线的互联网课程模式。慕课以兴趣为导向，任何希望学习、想要学习的学生，都可以通过慕课系统选择自己想要学的内容，慕课不受时空限制，可以满足大学生的各种个性化需求。同时，在慕课上，学习同一课程的大学生可以不受地域限制，组成学习小组，相互交流学习感受，共同进步。

客户端是当前又一大新媒体媒介。它与传统的网络社区有所差别，它是由社会机构和官方等建立的一种平台。与传统网络社区不同的是，客户端上信息的发布有章可循，能够在一定意义上保证合法性与合理性。同时，客户端也延续了网络社区的一些功能，可以使大学生在资讯下留言评论、发表观点。高校网络育人者可以在客户端上进行正面引导，同时根据大学生的留言对相关热点进行掌握，进而开展一些正确的网络引导。

微信和QQ是当前即时通信的突出代表。微信朋友圈和QQ空间，相对而言较微博更为私密，能够在一定程度上表达大学生内心深处的情感变化。同时，随着网络文化的不断发展，表情、符号、特殊含义词汇等都开始不断涌现，成为大学生内心情感流露的体现。高校网络育人者要充分了解这些文化，了解这些内容背后所表达的含义，才能切实体会大学生的情感与心理，才能为大学生答疑解惑。

二、多角度定位内容

定位教育内容是新媒体矩阵的主要运用目的。新媒体矩阵定位教育内容主要通过三种方式，即对"网"的定位、对"人"的定位、对"场"的定位。对"网"的定位是从有形管理到无形管理的转向与统一。网络对大学生思想、学习、生活、社交等方式产生了巨大的冲击，而新媒体的出现更是将网络所带来的便利无限扩大，大学生可以通过新媒体矩阵中的各个新媒体媒介，随时随地地了解当前世界各地发生的事件，可以快速浏览、学习自己想要学习的古今中外的知识，新媒体为大学生架构了一座穿越时空的知识桥梁，使大学生的学习、生活、社交能力得到快速提升。同时，新媒体矩阵也为高校网络育人者提供了了解、掌控大学生思想状态的渠道。高校网络育人不断发展，其对大学生网络思想状态的监测自始至终没有断绝，从运用局域网关进行有形监控，到如今运用新媒体进行有形与无形统一监控，新媒体矩阵使对大学生思想状态的监控更加"润物细无声"。在新媒体媒介的监控过程中，首先是对 QQ 群、微信群等媒介进行有形管理。有形管理主要通过对网络信息和行为的显性管理和刚性管理，达到实质性管理的目的。然而，互联网的重要特点是隐匿性，尤其是在大学生成长特点被着重放大的当下，大学生对于个性表达的需求愈加强烈，希望在相对私密的环境中得到大家的认可和尊重，而当有形监控出现在 QQ 群或者微信群中，则无疑会使大学生对于个性的表达受到限制，大学生的情感表达本就具有脆弱、摇摆等特征，在受到有形监控的环境里，大学生往往无法自由地表达自己内心的想法与情感，不能及时分享自己的观点和诉求，所以，有形监控会遏制大学生的主体性，从而忽视了他们的个性特点和内心诉求。因此，要将有形监控和无形监控相统一。通过运用新媒体媒介大数据功能的渗透作用，分析大学生在新媒体媒介上的行为习惯和兴趣爱好，从而确定大学生的心理状态和情感状况，进而通过激励、引导、暗示等无形的手段，加强高校网络育人。这种手段是一种隐性的高校网络育人方式，是一种柔性的管理，它既尊重了大学生成长成才的规律，又符合大学生的心理特征，寓教育于管理之中，寓教育于生活之中，从而使教育者平等地与大学生进行互动，发挥大学生的主观能动性，使大学生进行自主学习、自我管理，在潜移默化中接受教育。

我们还要充分认识到，没有规矩不成方圆，尤其是对大学生群体，更要加强管理和引导。高校网络育人离不开教育者的管理与引导。我们在强调无形监控的同时，是将有形的管理孕育在无形的引导之中。当前，在高校网络育人的过程中，我们更要注重引导，即通过引导，规范大学生的网络行为，净化大学生网络环境，优化高校网络育人内容，从而积极发挥大学生的主观能动性，引导大学生自我认识、自我教育、自我管理，在尊重大学生主体地位的同时，将管理与引导合二为一，从而为逐渐失效的传统高校网络育人注入一剂强心针，同时唤回大学生对高校网络育人的兴趣。此外，高校网络育人还要积极向大学生活取材，积极运用新媒体采编工具，去记录大学生学习与生活的点点滴滴，将生活中的内容加工制作成正反教材，从而使高校网络育人更加贴近大学生生活，进而丰富教育的载体与形式，使被动教育变成"顺势而为"，形成生活教育、融合教育，使高校网络育人无处不在。

对"人"的定位是从工具理性到人文价值的转向与统一。所谓工具理性，即强调借助工具实现效益的最大化，从而达到预期目的，在实现目的的过程中，工具理性只强调达到目标，而不顾及大学生的情感与精神。高校网络育人的工具价值，即利用网络载体的工具理性，对大学生进行专门的教育，从而为实现专门制定的目标，培养专门的大学生。工具理性在实际的教学实践中，本应起到理性看待工具的作用，而今却成了最大程度利用的载体，忽略了其原先存在之义。高校网络育人不应该忽视大学生的主体性，应该在发挥其主体性的基础上，通过工具理性，传播教育理念和内容，尤其是对于大学生的心理、情感、行为三方面的综合培养。我们要培养大学生成为能够了解自我、掌握自我、锻炼自我的优秀人才，而不能忽视他们的自我需求，盲目发挥教育的作用，否则既不能满足大学生的需要，又不能助力大学生成长，高校网络育人的意义也偏离了教育的宗旨。

在互联网发展之初，高校网络育人的人本意识较为淡薄，高校网络育人者将大学生视作一个被动接受教育的容器，从而不断地将教育的理念和内容灌输给大学生，忽略了内容的合适程度和大学生的接受程度。而随着网络载体的不断完善和高校网络育人理念的不断发展，高校网络育人的价值导向不断优化与调整，开始逐渐由单向向双向转变，使沟通成了教育的重要思想。大学生开始逐步确立"我缺什么""我要什么""我学什么"的思想，高校网络育人开始逐渐构筑双向互动、师生共长的通道。以大学生为主题，尊重大学生的主观能动性特点、将大学生作为教育的出发点和落脚点的高校网络育人开始步入正轨。

大学生作为网络时代的先驱者和引领者，较高校网络育人者更懂得如何运用互联网和新媒体，以及运用新媒体获取自己想要的知识与内容，从而提高自己的学识和见识。但是，这给高校网络育人增加了难度，这些即时性的媒介载体给高校网络育人增添了许多不可控因素，提高了教育者的教育难度。因此，高校网络育人在坚持以人为本的情况下，还要积极发挥新媒体矩阵的作用，实时对大学生的情况进行了解与掌握，从而在尊重大学生个性特点的前提下，建立个性化的教育体系，满足大学生的成长需求，提高大学生的思想道德水平。

对"场"的定位是从形式优先到内容为王的转向与统一。对于高校网络育人，无论是引导还是管控，在某种意义上，都是运用网络载体而实施的。高校网络育人的传播主要可以分为内容和形式两部分。当同样的内容通过不同的形式进行组合后，可能会产生截然不同的效果，这就是新媒体媒介形式的效果所在。高校网络育人是随着互联网的发展而发展的，自1994年网络被引入高校育人领域以来，高校网络育人就一直被动地运用网络技术应对和解决基于网络而形成的高校网络育人问题。1998年，清华大学建立的"红色网站"直至1999年才开始从局域网限制放开，面向社会。尽管在2002年前后，全国各所高校开始相继建立高校网络育人网站，而后随着新媒体的发展，陆续建立了包括微信、微博等的各大新媒体，然而不论是这些高校网络育人网站，还是新媒体载体，都只是停留在传统的阵地式教育界面上，大多通过文字加图片的形式开展教育。这种教育模式固然可以将内容阐述清晰，但是其针对性则相对较弱。

此外，随着网络的不断发展，缺乏针对性、有效性、时效性的教育内容越来越无法吸引大学生的注意力，大学生更青睐的是内容有趣、形式新颖的内容。而红色网站、红色新媒体往往在内容上、形式上无法满足大学生的需求，大学生对这些教育载体的关注被新颖、时尚的事物所分散。所以，高校网络育人开始突破传统内容与单一形式的限制，探索与谋求将思想性、教育性、服务性、趣味性集合为一体，制作出大学生喜爱的内容。另外，在形式上，高校网络育人也在突破传统形式的束缚，HTML5、微视频等都开始不断被创造形成，通过从大学生的生活中取材、拍摄、制作，使这些贴近实际、贴近生活、贴近学生的内容以贴近大学生的形式展现在大学生关注的新媒体媒介上。同时，这些内容和形式与展现的新媒体媒介充分结合，围绕新媒体媒介的特征形成了更易于被大学生所接受的表现形式与内容。其实，高校网络育人，尤其是基于新媒体矩阵的高校网络育人，是常变常新，顺势而变的。

三、多渠道分析需求

由于大学生的需求十分复杂，且变化较快，所以我们要实时感知高校网络育人的需求变化。一般而言，需求分析的渠道主要可以分为三种，即认知渠道、情感渠道、实践渠道。

首先是认知渠道。在分析高校网络育人需求时，认知渠道是很重要的渠道之一。大学生在接受物质需求的同时，同样需要精神方面的追求来认知人生。大学生在网络思想政治教育的过程中都会找到符合自己偏好的同一类型的朋友来共同接受教育并交往。所以，从认知渠道可以了解彼此思想和行为认知情感的判定标准。例如，在慕课、微课的网络教育中，通过对大学生选择喜欢的网络媒介进行师生之间情感交流的判断，可以更清晰地了解大学生接受网络思想政治教育的认知标准。

一般而言，网络虚拟环境是从现实社会发展而来的，大学生在网络虚拟环境中接受一些正能量的信息是为了弥补现实社会的不足。互联网会让使用者逃避直接交往，采用匿名方式间接交流。网络虚拟环境不是现实社会的替代，而是现实社会的发展，虚拟网络环境可以理想化地创造出大学生对自己内心真实思想需求的认知标准。例如，在微博、微信上，大学生可以无所顾忌地记录平时生活和学习中的一些思想和行为态度的转化，使教育者可以通过这些认知渠道、沟通媒介准确认知大学生内心真实接受和喜欢的社会热点及思想变化规律，准确掌握大学生内心正确的网络认知标准。

其次是情感渠道。情感渠道是指教育者对大学生学习网络思想政治教育的情感态度的分析与把握渠道。情感渠道主要是在网络思想政治教育中，通过关注大学生内心情感上的真实需求，掌握网络育人是否发挥了内化的作用，大学生是否在内心情感上认同并积极接受、理解、追求网络思想政治教育的内容，从而进行针对性教育。大学生一切内在的情感活动的发生使网络思想政治教育接受效果变得比较明确，可以通过调查衡量的数据统计标准进行研究。在社会、生活、学习中，大学生面对各种心理压力和精神需求，容易在微信、微博、论坛中发泄情感，教育者可以主动关注大学生的情感情绪转变，与大学生进行情感教育和交流，引导大学生的思想和情感向积极健康的方向发展。

最后是实践渠道。高校网络育人的目的是为了提高大学生的思想道德水平，帮助大学生建立正确的世界观、人生观、价值观。所以，高校网络育人要从实践出发感知大学生的需要，新媒体矩阵可以有效地提示、掌握大学生的思想动态，帮助教育者了解时代的发展需求和大学生生活需要经常面对的问题。当然，实践渠道也是检验与衡量高校网络育人效果的重要方式。新媒体矩阵通过矩阵内的新媒体媒介，掌握大学生在实践渠道中的思想变化与行为操作，从而将这些内容与情况通过媒介转化给高校网络育人者。高校网络育人者将通过新媒体矩阵获得的信息汇总整理后，再将教育内容通过点对点的新媒体媒介在第一时间反馈给大学生，从而指导大学生将"内化"的内容"外化"于行，进而不断在教育的过程中发现问题，在发现的过程中解决问题。如此反复的教育过程就是高校网络育人循环的过程。

第三节　优化资源配置

互联网的发展使各种信息、资源大量地出现，如何最大限度地发挥资源的作用，以及最大限度地使各种信息及时到达高校网络育人者和大学生的手中，是高校网络育人新媒体矩阵建设的意义所在。新媒体矩阵可以有效地实现资源的最佳部署，实时对资源的部署进行优化调整，从而达到最佳配置，最及时、最具针对性地解决大学生的问题，提供其最急需的信息和内容。

一、实现资源内容多元化

新媒体矩阵可以有效实现资源内容的多元化。新媒体矩阵可以通过吸收不同的内容开展高校网络育人。一般而言，网络育人的内容主要可以分为四个方面，即网络文化教育内容、网络伦理教育内容、网络心理教育内容、网络法制教育内容，这些可以为高校网络育人提供丰富多样的教育内容。

（一）丰富大学生网络文化教育内容

网络文化教育内容是高校网络育人内容的重要组成部分。新媒体矩阵可以将中华优秀传统文化与西方先进文化集合在一个平台上，通过同平台、同媒介的对比，引导大学生发现中华传统文化的优秀与美丽，从而自觉抵制不良网络文化的影响，尤其是发现和抵制不良思潮的相关内容。新媒体矩阵可以将不良文化的缺点放大，从而帮助大学生正确认识中西方政治、经济、文化的不同，正确认识中华优秀传统文化的精髓。

（二）充实大学生网络伦理教育内容

随着大学生使用互联网的时间越来越长，各种由于使用互联网所产生的网络道德问题变得愈发明显和突出，且有愈演愈烈的态势。所以，加强大学生网络伦理教育已经成了目前高校网络育人的重要目的之一。当前的大学生网络伦理教育更多偏向于说教，这样的教育往往无法发挥应有的作用。因此，要充分地将新媒体矩阵内各种新媒体媒介的作用发挥出来，要充分运用新媒体媒介的展示等作用，将网络伦理故事、网络伦理教育融合在不同的展现形式中，从而引导大学生树立网络道德意识，科学合理地使用互联网进行学习与生活。

（三）补充大学生网络心理教育内容

互联网虽然打破了时间与空间的束缚，给大学生创造了更多的社交沟通渠道，但是也对价值观尚未完全成型的大学生造成了不良的影响。大学生过于依赖网络，沉迷网络，会对自身的性格产生影响，从而可能会产生诸如"网络孤独症"等诸多心理问题，同时，也可能会因为虚拟社交，而不想与真实生活中的群体产生社交关系，继而形成线上线下双重性格。所以要及时补充大学生网络心理教育内容，运用新媒体媒介将大学生网络心理教育内容展现出来，可以通过警示微视频、生活反面小故事等多种载体，唤醒大学生的自我警示意识，从而引导大学生树立正确的网络观念，重塑健康的大学生网络心理。

（四）强化网络法制教育内容

随着依法治国的不断深入，互联网不再是法律的盲区，大学生虽然可以依靠网络的匿名性隐藏自己，却不能再胡乱地发布各种不负责任的言论或者做出违反法律条文的行为。自1994年2月以来，我国先后出台了《中华人民共和国计算机信息系统安全保护条例》和《中华人民共和国计算机信息网络国际联网管理暂行规定》。此后，我国又相继颁布了一系列规范大学生网络行为的法规规章，这些法规规章有效地减少了互联网违法行为，从而净化了网络环境。然而，法制的发展往往较互联网的发展迟滞，而大学生群体尤其擅长互联网的使用，对其加强网络法制教育就显得十分重要。只有不断加强大学生网络法制教育，创新网络法制教育内容，才可以使针对大学生的法制教育发挥作用。新媒体矩阵能够有效加强法制教育内容的传播，可以将枯燥的法律条文转变为大学生所重视的形式与题材，从而约束大学生的言行。

二、实现资源分布科学化

（一）新媒体矩阵有助于跨越时空限制实现资源的合理分布

传统的高校网络育人在教授的过程中，受到时间与空间的限制，需要在规定的时间、地点开展教学，例如课堂教学等。这样阵地式的教育会对大学生学习的心情、心态、心境产生极大的影响，从而影响大学生接受网络思想政治教育的程度。新媒体矩阵的出现，则将新媒体破除时空限制的优势发挥到了极致，对各种新媒体媒介所接受的教育资源进行整合与梳理，从而使教育者可以全方位地掌握不同时间、不同区域的教育资源，进而选择最合适的教育资源进行组合。不同时间、不同国家、不同地域的思想政治教育组织、教育者可以通过不同的新媒体媒介实现教育资源的共享共用，可以通过新媒体交流彼此的教育心得与体会，探索更多、更为先进的基于新媒体矩阵的教育理念与教育方法。

同时，教育者可以充分运用新媒体矩阵实现各种新媒体媒介资源的最佳部署，从而实现大学生对不同时空资源的集中学习，进而为提升大学生的思想道德水平奠定基础。

（二）新媒体矩阵有助于超越时效性实现资源的合理分布

新媒体时代是网络信息传播十分发达的时代，各种信息的传递与更新都是即时发生的，尤其是微信、微博、客户端等，其传递速度更是十分迅捷。以2018年十三届全国人大一次会议为例，在李克强总理做政府工作报告时，澎湃新闻客户端、腾讯新闻客户端在几近相同的时间，对报告中的相关要点进行了同时转播，这为受到时空限制、不能收看直播的大学生提供了第一时间的学习资源，如此之类的案例不胜枚举。大学生从这些社会热点、焦点中，可以第一时间汲取到自己想要获取的信息，从而提升、完善自己的认知体系。新媒体矩阵的出现，最大限度地将即时信息完整地展现在大学生面前，通过"两微一端"所展现的信息，可以优化单独新媒体媒介的弊病，从而使教育信息的时效性大大增强，满足大学生对于时鲜教育的要求。

（三）新媒体矩阵有助于集合各种途径实现资源的合理分布

新媒体矩阵为高校网络育人提供了十分丰富的教育形式。与传统的教育形式不同，随着新媒体的不断发展，微信息、微语录、微阅读、微视频、微戏剧等各种新兴形式层出不穷，不断创新着教育的形式与内容，这些更符合大学生学习习惯、更契合大学生性格特点的教育方式更为大学生所接受。同时，通过移动终端，大学生可以更为方便地通过新媒体矩阵中的各种新媒体进行全方位、立体式的学习，从而随时随地接受自己愿意接受的教育。这种学习教育方式有助于提高大学生参与思想政治教育的热情，从而提升教育的实效性。

三、实现资源运用最大化

新媒体矩阵的主要作用之一就是实现各种教育资源运用的最大化。新媒体矩阵中的各种新媒体都具有不同的功能与特点，通过整理分析，不难发现，这些功能与特点主要可以分为四类，即承载、传导、教化和蕴含。这四类属性可以实现高校网络育人资源运用的最大化。

（一）承载属性

所谓承载属性是指新媒体矩阵中的各种新媒体，可以直接承载各类高校网络育人的信息。在高校网络育人的过程中，教育主体、教育客体、教育内容、教育目标是相互联系、相互沟通、相互作用、相互影响的，彼此之间不能独立存在，彼此关系不能割裂。而新媒体正是这些元素相互联系、相互沟通、相互作用、相互影响的桥梁、媒介与平台。如当前正在开展的习近平新时代中国特色社会主义思想学习，就可以通过各种不同的模式与活动在新媒体媒介上进行，而这些模式与活动都离不开教育者、大学生、教育目的、教育内容等。高校网络育人只有依托新媒体媒介，才能做到教育的实时进行，各种教育资源依附于新媒体媒介，从而被教育者与大学生所感知、掌握。为了追求更好的教育效果，高校网络育人者要充分挖掘新媒体的承载属性，将新媒体上的各种教育信息转化为合适的教育资源，从而对大学生产生渗透教育的作用，进而最大限度地发挥这些教育资源的作用。

（二）传导属性

传导不仅仅是高校网络育人新媒体矩阵的属性，也是新媒体媒介的主要特点。然而，这里的"传导"与传统的传导还有所不同，传统的传导是指一方将信息定向传递给需要信息的一方，而新媒体矩阵下的传导，不仅仅是定向的传导，更是发散式的传导，从新媒体矩阵中的各个新媒体承载教育信息起，传导的过程即已开始。通过新媒体矩阵的传播媒介作用，高校网络育人可以扩散式地传播教育的内容与信息。在现实生活中，人的思想与情感会随着教育环体与介体的变化而变化。在这个变化的过程中，高校网络育人依附于新媒体媒介，对大学生进行传导教育，将大学生所需要的知识传递给大学生。当然，这个传导过程并非是固定不变的，而是因时而变、因势而变的，甚至一些高校网络育人的信息会在新媒体媒介的平台上进行演变与完善，从而发生思想教育的升华与碰撞，进而产生大学生之间的共鸣。

（三）教化属性

教化属性是高校网络育人新媒体矩阵的本质属性。基于新媒体矩阵的高校网络育人最大限度地发挥资源运用最大化是为了实现对大学生的教化。这具有明确的价值取向意义。所谓教化，并非如传统的载体一般，简单地传递和承载信息，而是使所承载的教育信息发挥应有的教育作用。这个过程并非一蹴而就的，而是在循环往复、不断的传递过程中实现的。新媒体媒介上的信息不会在传递的过程中消失，这意味着教育信息会在新媒体媒介中不断传导，这个传导的过程也是教化的过程，可以帮助大学生不断学习、领会，从而形成优秀的思想道德品质。当然，"教化"并非教育，还有化而育之的意思。

当前，大学生的个性特点已经被完全释放，强行进行教育，往往事倍功半，通过新媒体媒介进行教化，可以最大限度地发挥大学生的主观能动性，激发大学生自主学习的兴趣，促使大学生自己选择自己需要的内容，在不经意的学习与生活中受到教化的熏陶与影响，从而实现教育者的教育目的。

（四）蕴含属性

蕴含是高校网络育人新媒体矩阵的一大隐藏属性。这里的蕴含属性缘于教化属性，也是教化属性中"化"部分存在的意义。高校网络育人的信息大多具有较强的政治性，是大学生较为反感和抵触的内容。蕴含属性是将高校网络育人的内容作为非直观显现的部分隐藏在新媒体矩阵的各个媒介中，通过不同的形式演绎出来，从而发挥教化属性的作用。例如，复旦大学积极运用新媒体媒介传播钟扬教授的先进事迹，通过微视频，将其扎根西藏，辗转千里，勇攀高峰的行为一一记录，将其采集植物种子，为植物多样性发展贡献力量，为祖国的教育事业培养接班人的初心生动地展现在广大的大学生面前，这其中蕴含的教化内容相比课本上的说教要具有更深刻的力量。它没有反复的说教和突出的政治影响，却比这两项拥有更为强大的渗透力量，直接影响着大学生的内心世界。在传播学中，思想政治教育过程也是传播主体通过媒介向受众（教育对象）传播思想政治教育信息的过程。思想政治教育信息是无形的，所以需要通过媒介与载体，才能发挥出应有的作用，才能为大学生们所认识和感知。而新媒体矩阵正是这样一个载体，可以将蕴含着丰富教育内容的载体转化为充满教育者思想和理念的工具，从而在不断的教育过程中，发挥无形的力量。

第四节　加强内外建设

108

高校网络育人不仅仅是教育主体和教育客体的问题，还需要教育介体和教育环体的配合。这里所说的教育环体并非是简单的教育环境，而是可以引起教育质量变化的各个环节要素。如何通过新媒体矩阵将教育主体、教育客体、教育环体、教育介体有效地结合在一起，从而在变化中提升教育质量，是高校网络育人新媒体矩阵所要解决的问题之一。

一、实现高校网络育人管理的精细化

中共中央、国务院于 2004 年发出的《关于进一步加强和改进大学生思想政治教育的意见》中明确指出，思想政治教育工作队伍是加强和改进大学生思想政治教育的组织保证。大学生思想政治教育工作队伍主体是学校党政干部和共青团干部，思想政治理论课和哲学社会科学课教师，辅导员和班主任。要采取切实措施，培养一批坚持以马克思主义为指导，理论功底扎实，勇于开拓创新，善于联系实际，老中青相结合的哲学社会科学学科带头人和教学骨干队伍，使他们在大学生思想政治教育中发挥更大的作用。所有从事大学生思想政治教育的人员，都要坚持正确的政治方向，加强思想道德修养，增强社会责任感，成为大学生健康成长的指导者和引路人。完善大学生思想政治教育工作队伍的选拔、培养和管理机制。要加强思想政治教育学科建设，培养思想政治教育工作专门人才。实施大学生思想政治教育队伍人才培养工程，建立思想政治教育人才培养基地。要建立完善大学生思想政治教育专职队伍的激励和保障机制。完善思想政治教育队伍的专业职务系列，从思想政治教育专职队伍的实际出发，解决好他们的教师职务聘任问题，鼓励支持他们安心本职工作，成为思想政治教育方面的专家。要采取有力措施，着力建设一支高水平的辅导员、班主任队伍。学校要从政治上、工作上、生活上关心他们，在政策和待遇方面给予适当倾斜。同时，在《关于进一步加强高等学校校园网络管理工作的意见》中，也对在高校中开展高校网络育人的教育者提出了明确的要求，要求高校网络育人者要具备较高的思想道德水平、熟练的计算机网络水平，对大学生的成长特点和上网习惯等有着较为全面的了解。大学生思想政治教育者应该随着互联网的发展和大学生的不断成长，不断提高自身的能力与水平，进而运用新媒体矩阵对高校网络育人的全过程进行优化与完善，从而提升教育的实效性。新媒体矩阵作为渗透于大学生学习与生活方方面面的载体，充满着大学生学习与生活的点点滴滴，高校管理者和高校网络育人者要加强对新媒体矩阵的掌握，全方位把握大学生的日常行为和思想动态，因势利导，循循善诱，针对性地制定和完善相

109

关的管理措施、工作手段、教育方式，从而全面提升高校网络育人的精细化管理水平。

二、实现家校教育沟通网格化

高校网络育人的环境并非只有高校校园，家庭环境也是教育环境不可或缺的组成部分。家庭环境对于当前大学生而言，或许并不是生活最久的环境，但却是大学生成长的母巢，是大学生行为习惯养成的重要场所，也是检验高校网络育人的重要环节。新媒体矩阵可以实现家校教育沟通的网格化，可以帮助高校网络育人者及时了解大学生的生活情况，从而因地制宜，因材施教。

（一）加强与子女的交流与沟通，营造良好的家庭氛围

当前，由于受到社会环境变化和大学生成长规律的影响，大学生与父母之间的沟通越来越少。而家长由于受到时代的影响，会以长辈的姿态与大学生进行沟通和交流，这愈会增加大学生的反感与抵触，正处在青春叛逆期的大学生往往会有意识地减少与父母的沟通。所以，父母在这样的情况下，要积极发挥新媒体矩阵的作用，通过互联网的平等性与大学生进行沟通和交流，从而营造和谐的家庭环境。通过新媒体矩阵，父母还可以及时关注和了解大学生的成长情况和行为动态，从而可以及时引导大学生的学习与生活，甚至可以运用新媒体媒介，给大学生的学习与生活提供一些指导，避免大学生走上歪路、邪路。

（二）正确看待网络的影响，理智处理大学生的网络行为问题

大学生正处在形成世界观、人生观、价值观的重要成长期，互联网固然可以帮助大学生成长成才，但是也会使大学生沉浸在虚拟的网络世界里，从而产生不良的影响。盲目制止大学生网络行为往往会起到相反的作用。所以，家长要积极运用新媒体矩阵，在关注大学生成长的同时，引导大学生运用移动终端中的新媒体工具去记录生活中的美好；还可以通过运用新媒体矩阵，鼓励大学生去发现和实践生活中的美，从而离开虚拟网络世界，在现实中成长成才。同时，家长要积极发挥新媒体媒介在现实与网络之间的纽带作用，鼓励大学生将在网络中学到的内容，在现实中实践，用新媒体技术记录下成长的点点滴滴，使其成为大学生宝贵的经历与财富。

三、实现社会教育参与大众化

社会环境是高校网络育人的重要环境，而社会环境的形成受到多方面因素的影响。高校网络育人新媒体矩阵可以有效整合社会各方面的力量，形成"三位一体"的高校网络育人社会阵地。所谓"三位一体"即充分发挥社会舆论、社会文化产品及社会先进典型在当代高校网络育人中的重要作用。

新媒体矩阵可以充分发挥社会舆论在高校网络育人中的重要作用，可以通过其中的新媒体媒介，最快捷地将党的各类路线、方针、政策传播到大学生中去，从而直接影响大学生的思想与行为，引导大学生树立正确的价值观，并规范自己的言行。

新媒体矩阵可以最广泛地将各类社会文化产品凝聚到新媒体媒介的平台上，帮助大学生学习和了解各种社会文化，从中汲取人民文艺的力量，通过将传统文化和当代先进文化力量转为己用，提升自己的文化水平，从而更好地提高自己的文化造诣。

新媒体矩阵还可以积极发挥社会典型的榜样力量，新媒体媒介的榜样引领作用，可以使大学生从这些新媒体中汲取榜样的精神力量，通过学习新媒体媒介所展现的榜样日常生活与工作中的所思所想、一言一行，可以促使大学生真正身体力行地循着榜样的道路前行。

第五章　基于新媒体矩阵的
高校网络育人工作启示

第一节　大数据技术推动网络育人
向个性化、智能化方向发展

随着互联网和新媒体的发展，各种信息层出不穷。而高校网络育人又受到大学生自身成长特点的影响，在其引导和教育方面殊为不易。一般而言，目前的高校网络育人引导主要面临三个方面的问题，其一是思想政治教育完整性要求和大学生思想多样性的矛盾；其二是思想政治教育稳定性要求与大学生思想信息多变性之间的矛盾；其三是思想政治教育政治化要求与大学生思想个性化的矛盾。

新时代的高校网络育人新媒体矩阵可以有效解决这三方面的问题，通过新媒体矩阵可以运用大数据技术分析新媒体媒介中所反应的大学生喜好特点，这样往往可以第一时间感应大学生的思想、情感、心理，从而对大学生的瞬时意识进行引导和管控。基于新媒体的大数据可以准确及时地收集、处理各种大学生的即时状态信息，从而满足高校网络育人者的教育需求。未来基于新媒体矩阵的高校网络育人，其主要特征在于三个方面，其一是感知，其二是处理，其三是预防。所谓感知是基于新媒体矩阵中的各个新媒体媒介，尤其是社交新媒体媒介，对于大学生的所思所言所为进行精准定位、掌控，通过大数据技术和云计算技术，对大学生的这些数据进行准确感知，从而掌握大学生的状态。当然，在未来的新媒体媒介发展中，可以引入人工智能等先进技术，从而大大缩短感知的时间，提升感知的效率，这样对即时教育、针对性教育将大有裨益。所谓处理是指高校网络育人者在感知大学生的思想政治状况后，根据大学生的实际情况，运用新媒体矩阵中各个新媒体不同的形式和模式，发挥其不同的特点和作用，从而找到最适合解决大学生思想意识问题或困惑的办法，进而使大学生的思想意识形态回归正朔。相较感知与处理，预防的难度较高。所谓预防是指由于大学生的成长特点和成长规律，其正处在青春叛逆期，性格和价值观尚未完全成熟，会由于外界的变化而不断变化，受外界的影响较大，所以，要对大学生意识形态的状况进行提前防范，因此难度也相对较高。当然，这也并非完全无迹可寻，大数据技术可以帮助高校网络育人者根据大学生日常行为进行分析，通过把握大学生言行中的高频词汇、高频行为，从而掌握大学生的心理状况，继而针对大学生学习生活的某些细节进行研究，进而判断出大学生在思想道德、意识形态等方面可能出现的问题，再提前进行预防式教育。在这样的引导管控体系里，既能满足大学生的个性化、多变化的需要，又可以使大学生在正确的思想引领下，形成正确的人生观、价值观，从而有效加强大学生意识形态领导权。

新媒体矩阵将成为高校网络育人的运转核心。大学生每日的所思、所想、所学、所为都将被通过新媒体媒介上传至新媒体矩阵中，无论是在学习中所收获的知识与感悟、还是在言谈中的措辞观点抑或是实践中的表现作为，都将成为新媒体矩阵采集的内容，这些反映青年大学生需求特点的信息将成为网络思想政治教育聚焦的热点。通过新媒体矩阵，高校可以整合校内外各种资源，协调校内各职能机构与学院部门，以及校外各种社会机构、兄弟院校，形成基于新媒体的大一统大数据的高校网络育人平台。因此，对于新媒体矩阵的未来发展，首先要建立基于运转核心的庞大数据库。因为，未来的大学生发展将要面临多元的挑战，大学生的学习生活也将更加丰富多彩，大学生的思想行为也将更加多元，所以需要采集的数据也将更为庞大。所以，基于这种情况，需要建立大学生自身的大数据库，为每一位大学生塑造属于自己的"个人画像"，形成个人的数据袋，从而为大学生的成长记录下点滴痕迹，也为高校网络育人者全面了解大学生的状态提供决定性的参考。众所周知，"十年树木、百年树人"，人性格的养成并非是一朝一夕的，拥有了大学生的个人画像和大数据袋，就能将青年的成长特点完整记录，从而为大学生全生命周期的思想政治教育奠定基础。同时，要积极发挥新媒体矩阵的文化引领汇聚作用，整合校内外各种资源，使画像更加全面具体。大学生不仅仅是校园中的大学生，更是一名生活在社会中的大学生，要充分发挥与社会机构的新媒体媒介联动整合，将大学生的生活数据联网，从而描绘精准详细的人才画像，为大学生的思想政治教育做好数据收集工作；其次，要积极建立基于大学生数据的新媒体综合中枢。新媒体矩阵作为未来高校网络育人的运转核心，将具有搜集、比较、统计、分析、应用等一系列功能，需要在不同的问题环境中，找到数据的关联性，这需要跨学科跨专业的理论支持，无论是思想政治教育学还是传播学、伦理学、心理学、行为学，都是综合中枢所需具备的理论内容。通过这些理论，可以发现数据背后大学生思想行为的本质规律，并通过图表等进行反馈，从而为高校网络育人者提供帮助；最后是建立基于新媒体矩阵的高校网络育人的处理跟踪反馈中枢。这是新媒体矩阵未来的重要体现。通过处理跟踪反馈，可以将经过教育的大学生变化进行提炼总结，从而有效掌握对大学生进行引导的效果。当然，这将会运用 AI 技术等先进技术，毕竟大学生群体十分庞大，而高校网络育人队伍则相对体量较小，无法一一应对各种情况，尤其是处理大学生个性化状况，这需要新媒体矩阵充分发挥 AI 等人工智能的功能，将数以万计可能发生的情况以及曾经处理过的情况形成固态案例备选，从而为及时处置各种突发情况做好准备，为高校网络育人的及时开展打下基础，这样也可以大大提高高校网络育人的有效性，支持大学生更好更快成长。

第二节　"新媒体矩阵"
将大大提升高校意识形态管控能力

学生是高校网络育人的对象。正处在成长期的大学生是国家和民族的未来，关系着中国特色社会主义现代化建设和中华民族伟大复兴的中国梦的实现。当前，许多大学生来自独生子女家庭，在未来十余年里，这一状况不会发生显著变化。相较 70 后、80 后的一代，这些独生子女有着明显的不同，多了一份以自我为中心的优越感，少了一些艰苦朴素、亲历亲为的作风。这些对于大学生培养自身健全的人格和建立完善的社交关系殊为不利。未来，随着新媒体技术的不断发展，这些新媒体媒介在帮助大学生获取第一手资讯的同时，也将大量负面的信息带给了大学生，并使其逐步依赖新媒体媒介进行学习和生活，使其意识形态不断出现困扰和困惑。因此，未来基于新媒体矩阵的高校网络育人在实时了解、掌握和分析大学生思想行为高频词汇的同时，要进一步结合马克思主义理论，在哲学社会科学的研究基础上进行教育和阐述，引导大学生理解和拥护党的方针政策，坚定走中国特色社会主义道路。

　　大学生思想行为高频词汇是指大学生通过互联网上的各种媒介从而获知发生在学校或者社会的突发性、刺激性事件后对该事件表达阐述具有自己立场和观点的词汇的汇总。这些高频词汇在某种程度上可以反映出大学生思想和行为的状态，对高校网络育人者有效掌控大学生的意识形态有着十分重要的意义。未来随着互联网的高速发展，各种信息层出不穷，时时刻刻影响着大学生的成长，而新媒体媒介的不断出现，更是为大学生提供了一个了解和表达自己内心情感的通道。就目前而言，大学生可以通过微信、微博等社交新媒体获取和发布自己对于社会舆情事件的看法与观点，并可以在新媒体媒介上对于其他大学生甚至人群的观点和看法进行评论和留言，从而进行交流互动。这些评论和留言中的高频词汇可以折射出大学生对于这些社会舆情的态度。大学生正处在人生观、价值观形成的重要阶段，身体和心智都没有完全成熟，对一些身遭和社会上发生的事情没有正确的判断能力。而其又恰正处在成长的时候，求知欲非常旺盛，对于自己的能力提高非常重视，而且大学生十分希望自己得到社会或者外界的认可，希望通过一个平台可以完全展示自己的才华与能力，希望自己的观点和看法能够获得他人的支持与点赞。因此，新媒体媒介恰好给予了大学生这样一个平台。此外，大学生的成长具有大学生特有的青年成长特点，一些青年比较腼腆与内向，而不愿意在公开场合袒露自己的心声与想法。而新媒体媒介作为一个包容的、虚拟的存在，能够给予这一群体的大学生一个表达自己看法的平台。因此，未来高校网络育人的新媒体矩阵将更注重对大学生个性化需求的了解和掌握，通过矩阵中的各个媒介获得反映大学生思想行为的高频词汇，从而给予大学生正面积极的引导和帮助，使大学生能够从社会关注的舆情热点问题中找到正确的答案。此外，未来的新媒体矩阵可以帮助高校网络育人者及时与大学生进行互动和交流，通过微信与微博等新媒体媒介的点对点交流，可以使教育过程更加平等、民主，可

115

以进一步满足大学生性格的自我释放，有助于教育者在思想上、精神上、情感上的互助。如此跨越时空的零距离交流，不仅可以避免面对面交流的尴尬，还可以使交流沟通更加顺利、坦诚。当然，这些都将基于新媒体矩阵的虚拟成像技术，或者说全息成像技术进行实现。这样无论高校网络育人者是否在其身畔，都可以为大学生提供身临其境的贴身教育，从而为高校网络育人者的隐形渗透引导打下基础。

在基于新媒体矩阵的大数据时代，高校网络育人侧重解决的将不是"为什么"问题，而是当前状态下可能引发的问题，即引导防控优于解决原则，通过对行为数据进行过滤分析，从而加强渗透性地引导，在潜移默化中帮助大学生树立正确的世界观、人生观、价值观，使大学生在日常运用新媒体媒介进行学习和生活的过程中受到隐藏信息的教育和影响，从而在思想和行为的规范上培养建立潜意识的正确观念，避免在舆论的影响下茫然不知所措甚至受到负面的影响。所以，未来高校网络育人者要不断熟悉大学生的网络舆情，积极运用新媒体矩阵获取和掌握大学生网络舆情方向，及时通过大数据技术和云计算技术进行分析和研判，给予大学生正确的思想引导，从而保证大学生能够形成高尚的理想信念，坚定社会主义核心价值观。当然，不仅仅是教育者需要运用新媒体矩阵准确把握大学生的思想意识形态，作为管理者的高校党政领导班子更需要了解和掌握大学生的思想意识形态状况和变化。在中共中央办公厅、国务院办公厅印发的《关于进一步加强和改进新形势下高校宣传思想工作的意见》中明确要求"高校党委要强化政治责任和领导责任，党委书记、校长要旗帜鲜明地站在意识形态工作第一线。"在未来网络环境更加复杂的情况下，高校党委要加强大学生意识形态的管控，就要充分了解和掌握大学生思想意识形态的时代特征，从而准确把握高校网络育人未来的发展趋势，进而进行针对性地顶层设计。这需要高校管理者自上而下，全方位地了解大学生的方方面面，从高校党委制定宏观的管理办法，高校行政班子全力以赴地抓落实部署，各职能部门各司其职地开展工作到学院管理者密切关注学生的变化动态，这将形成一个全方位的高校意识形态管控体系，这些都离不开未来新媒体矩阵的参与与配合。新媒体矩阵的各个新媒体媒介将是高校党政参与、了解大学生思想动态的触角，将会切实体会和感触大学生思想意识形态的变动。未来的高校党政班子要更加全面、积极地管控大学生思想意识形态，就势必要加强对大学生思想行为高频词汇的掌控，从而有效预测大学生思想意识形态的走势与发展，进而推动高校意识形态管控体系的建设。无论在体制机制的制定上，还是在软硬件的建设上，对大学生高频词汇的掌控都将打破传统思想的束缚，将会给高校管理者搭建一条与大学生直接沟通的桥梁，将形成平等交流的发散型环状结构，这样意识形态的上传下达将避免各种中间环节，高校管理者可以第一时间听到、了解到来自大学生的呼声，从而第一时间把握未来大学生思想意识形态的走势与发展，继而引导大学生思想意识形态，避免校园舆情事件的爆发，进而建立起稳定的校园舆情环境。

第三节　新媒体生命周期理论
将推动网络育人生态系统构建

　　数字技术的发展日新月异，各种基于数字技术与互联网技术发展形成的新媒体媒介都存在其生命周期，这既具有普遍性、也具有其特殊性。所谓普遍性是指新媒体媒介的产生、发展、高峰和灭失都具有其周期性，具有一定的时间规律。而对于其特殊性而言，各个新媒体媒介的生命周期是不相同的，不同的新媒体媒介由于其所基于的数字技术的不同和其特征特点的不同会具有时间跨度不同的生命周期。此外，新媒体媒介与大学生成长特点的契合度、新媒体媒介的使用习惯等都会对新媒体媒介的生命周期产生影响。而不同生命周期的新媒体媒介，其对于高校网络育人的作用和影响也不尽相同，一般而言，生命周期较长的新媒体媒介更加契合大学生的成长特点和使用习惯，更加趋于稳定，更容易被大学生所接受。在这种新媒体媒介的高峰时，其所发挥的教育引导作用相对也就更强。而一些无法引发大学生关注的新媒体媒介，其影响力随着学生的忽视甚至无视而会被逐步消解，无法发挥应有的作用。例如，短视频 App 未来将成为高校网络育人可以依仗的新媒体媒介。

　　众所周知，未来高校网络育人提升的重点与难点在于其教育的有效性和交流互动，而短视频媒介以其表现形式灵活、简短易懂、精准广泛推送信息、反馈及时易采集等特点，在未来势必将成为高校网络育人的重要组成部分。著名的传播学家麦克卢汉认为："各种能够满足人们感官需求的媒体技术越容易被人们所接受。"如快手等短视频 App 依托视觉、听觉等感触器官与大学生们进行的不断变化、持久的交互，则不仅调动了大学生们感知器官，更无限接近大学生认识世界、了解世界的方式。所以，未来基于快手等新兴的新媒体媒介的应用会越来越广，这种应用将被大学生广泛接受。未来，例如快手之类具有强大内容分发机制，能够切实了解每个大学生兴趣、偏好、想法、意图的，满足大学生成长特点的，能够切实将每个高校网络育人内容、环境、影响因素充分展现出来的新媒体媒介将会拥有更漫长的生命周期，也将会发挥更强大的作用。当然，这些新媒体媒介也会具有合适的推送时间，在不同的时间里也会衍生出不同的功能，如工作时间的答疑解惑，如夜深人静的娱乐演绎等。不仅如此，未来的新媒体媒介还要充分将大学生的追求，尤其是对偶像等青春人物的追求纳入高校网络育人的引导和教育中。

"网红"是互联网时代新的大学生偶像，在大学生群体中有着十分重要的影响，大学生们会参照网红等的学习生活方式进行生活。而网红之所以能够抓住大学生的注意力，重要的原因之一是其来源于大学生，无论是直播中的行为举止，还是其所展现的方方面面，都契合了大学生的价值观或者说符合了大学生当时的心境。这也是未来高校网络育人所必然发展的方向。在未来新媒体的时代里，"网红"等特殊人群将在高校网络育人中发挥更大的教育引导作用。从某种意义上说，"网红"即过去"意见领袖"的升级版，它不仅仅是代表大学生发声，更是在利用各种新媒体媒介，发挥榜样引领作用。未来的网红，不仅仅将是网络红人，更是包括高校网络育人者、大学生自身，知名校友以及与大学生有共鸣的社会人士。他们将与新兴的新媒体媒介一起，与大学生网络生活的语境一起，形成高校网络育人的"大环境"。盘活这些未来的"网红"资源将是高校网络育人的新方向。

此外，未来新媒体矩阵里的各个新媒体媒介在组成高校网络育人生态教育系统的同时，还将不断强化反馈采集互动等作用。无论是快手短视频，还是网红教育，都与大学生成长息息相关。换而言之，高校网络育人新媒体矩阵的发展正是通过这些新媒体媒介的反馈互动系统，在后台云端记录下大学生们找寻兴趣内容的痕迹，记录下观看使用的感受，记录下点点滴滴的评价，通过这些行为形成庞大的数据链，为高校网络育人者提供教育的参数与思考，将大学生对网络思想政治教育的兴趣、观感、态度和黏性原原本本地反馈给高校网络育人者，从而将教育效果的评估与教育实践紧密地联系在一起。正如马克思主义哲学所阐述的那样，只有具有与时俱进的品质，才能具有强大的生命力。任何与时代、与大学生相背离的新媒体媒介，其生命都将是短暂的。高校网络育人生态系统的建设正是需要无数具有强大生命力的新媒体媒介的共同参与才能顺利进行。

第六章　高校网络育人新媒体矩阵建设的措施

第一节　增强高校网络育人新媒体矩阵建设的意识

马克思主义关于世界的物质性及其发展规律中讲述了物质与意识的辩证关系。其中"意识"是"物质世界长期发展的产物，是人脑的机能和属性，是物质世界的主观映像。"意识在内容上是客观的，在形式上是主观的，是客观内容与主观形式的统一。意识具有指导实践和改造客观世界的作用，只有提升高校网络育人新媒体矩阵建设的意识，才能有动力、有信心将脑海中新媒体矩阵的模型、蓝图变为客观现实。意识具有指导、控制行为的作用。增强高校网络育人新媒体矩阵建设的意识能够有效的促进高校领导者、教育者主动的关注和重视思想政治教育发展以及建设新媒体矩阵的必要；能够改变大学生对新媒体的认知，将新媒体不再视为娱乐、消遣的工具，而是作为促进学习、开阔视野、增长经验的教育平台。总之，增强建设新媒体矩阵的意识，提高对新媒体矩阵认知和情感才能自觉的创建新媒体矩阵，是有效促进高校网络育人发展，满足大学生全面发展的第一步。

一、提高新媒体矩阵建设认知

辩证唯物主义认识论认为，认识是主体对客观的能动反映。这种能动的反映具有两个方面的特点，即摹写性与创造性。新媒体矩阵并不是凭空产生的，人们之所以能够对高校网络育人新媒体矩阵产生认知，是新媒体矩阵随着科技的发展在商业领域、管理领域、教育领域逐渐形成和运用，并且帮助很多领域取得了很好的效果。思想政治教育作为高校教育的重要组成部分，也应该积极汲取社会经验来发展自己，因此想要很好的掌握和建设高校网络育人新媒体矩阵建设，必须加强对其他领域的新媒体矩阵建设的认识。人在对客观事物进行摹写性反映时并不仅仅是对事物的原物映射，而是具有信息的接受过程，还有对认识对象信息分析、抽象、选择、运用、重组、整合、建构和虚拟，是能揭示事物的内在本质和规律、过去和未来，并能塑造出现实中并不存在的事物，具有创造性的特征。认识的创造性进一步加强了提高新媒体矩阵认知的重要性。因此高校网络育人新媒体矩阵的建设者必须全面了解新媒体矩阵的内涵、运作及其将会带来的意义，才能够准确地把握新媒体矩阵的内在逻辑、具体运作，最为重要的是能够增强对新媒体矩阵建设情感，树立新媒体矩阵自信。

认识运动的基本规律是实践—认识—实践，我们对高校网络育人新媒体矩阵的认识便是从实践中出发。

首先，新媒体矩阵的核心是思想政治教育，建设者必须通过在日常教学的实践积累或者参加相关内容的培训对思想政治教育的本质内容、发展规律、原则方法等内容有全面的把握和领略，这是建设新媒体矩阵最为基础的部分。当然，对新媒体在日常生活中的使用、操作及其相关的专业培训学习也是必不可少的，这是矩阵建设的技术保障。建设主体可以在生活中经常使用新媒体，积累对于新媒体的认识，了解新媒体的类别、功能、操作步骤并尝试通过新媒体促进与学生之间的交流；学校还可以邀请新媒体矩阵建设的专业人士对学校教育者进行专业培训、交流、讨论，使教育者能够从更深的层面通晓新媒体矩阵建设的原理和意义。

其次，教育者作为思想政治教育的主体通过教育实践必须清楚的认识自身的责任和义务。思想政治工作从根本上说是做人的工作。因此，对高校网络育人新媒体矩阵建设的认知还要包括对受教育者的认识。教育者务必通过新媒体的方式了解受教育者的性格特征和实际需要，只有从受教育者的角度出发，真正了解和理解受教育者，使思想政治教育具有亲和力，才能对其进行有效的思想政治教育，才能提高学生的思想道德素质、知识文化水平、专业能力等，使学生成长为全面发展的人才。另外，教育者在工作中要具有夯实的专业理论基础、丰富的知识储备、强劲的工作能力；在生活中具有正确的政治方向、价值观，具备高水平的道德素养、高尚的情操；并且要以身作则，注重自身的影响和形象，为学生树立优秀的榜样。

最后，受教育者通过对新媒体熟练地运用和技巧的掌握，要提升对新媒体的认识。大学生是将新媒体使用得最为熟练、受新媒体影响最大的群体，转变学生对新媒体的认识对高校网络育人新媒体矩阵建设具有不可忽视的重要作用。只有当学生有意识的、清楚地认识到新媒体不仅是一个消遣、娱乐的平台，而是一个能够成为受教育或者传递教育、收获知识、开拓视野、利于钻研，帮助自己成长的工具，才能让学生真正的、快乐的接受新媒体矩阵传递的知识和内容，并且自觉成为高校网络育人新媒体矩阵建设的一员。

二、强化新媒体矩阵建设情感

列宁说："没有人的情感，就从来没有也不可能有人对真理的追求。"高校要建设好高校网络育人新媒体矩阵，必须在认识新媒体矩阵的基础上加深对新媒体矩阵建设的情感，激发教育者、受教育者对运用新媒体矩阵进行思想政治教育传播的动力，发挥新媒体矩阵的作用。情感是人对客观外部事物的态度体验，当教育者、受教育者在接触新媒体矩阵的同时便会对其产生情感体验，当新媒体矩阵能够满足教育主体的需要时，便会产生积极正面的情感体验，反之，便会是消极、排斥的情感体验。积极的情感体验能够在潜意识中鼓励教育主体为建设高校网络育人新媒体矩阵排除万难，积极地面对各种挑战；能够将新媒体矩阵建设成为具有影响力的教学模式；并且使得高校网络育人新媒体矩阵一直不断的延续和创新。总而言之，增强对新媒体矩阵建设积极正面的情感是建设高校网络育人新媒体矩阵最为关键的一步。

新媒体已经成为人们在日常生活中不可或缺的生活、学习工具，受众对新媒体有着极大的依赖性；另外，教育主体通过学校的培训及主动认识和掌握新媒体矩阵，教育主体对新媒体矩阵具有了理性认识与客观评价，初步认识并接受了新媒体矩阵。因此，新媒体矩阵的建设者还需要在此基础上乘胜追击，通过更多的途径促进教育主体对新媒体矩阵产生积极的情感体验。

首先，从学校层面，学校的领导者要正视新媒体对学校教育带来的挑战和问题，重视新媒体给学生生活学习带来的影响和改变；树立创新性教育发展的理念，跟上信息时代社会发展的步伐，借鉴其他领域宣传、教育的模式；认可并重视新媒体矩阵的建设。在建设新媒体矩阵过程中，要一直保持积极向上的心态，在物质层面和精神层面都给予大力的支持。除此之外，新媒体矩阵建设不是一朝一夕便可以完成，它需要大量的时间和精力，所以作为学校领导者和管理者要采取激励、奖励的策略，对教育者实行一定程度上的鼓励，让教育者认同及接受上级领导的安排，增强教育者对新媒体矩阵建设的动力和意愿，积极主动去研究和建设。

其次，教育者得到上级领导的指示和鼓励，对高校网络育人新媒体矩阵建设充满期待和信心；同时，教育者作为思想政治教育的工作者，对自身的职业有着归属感，对"以德树人"、培养全面发展的人才有着作为教育者的责任和义务。这种对工作的热爱和使命感使教育者愿意为思想政治教育的发展做更多的钻研和付出加倍的努力，而新媒体矩阵建设给予了教育者研究和探索的一个新方向。教育者的归属感和使命感会让其在建设新媒体矩阵的过程中充满激情和活力。此外，教育者作为高校网络育人的主导者，对思想政治教育的理解和重视是不言而喻，对思想政治教育内容、原则了然入心，甚至对其充满笃信感。教育者能够合理地将教育内容通过新媒体矩阵传递至学生的生活中，而又因为教育者对思想政治教育的支持和信仰具有极大的渗透性和感染力，两者之间的结合使得受教育者从中感受到思想政治教育的价值和魅力，自觉接受教育者所传递的内容和观点。因此，新媒体矩阵会逐渐成为教育者与受教育者之间最受欢迎的沟通渠道。

最后，大学生是具有独立思考能力的人，具有丰富的情感体验。根据调查显示新媒体的运用占据了大学生日常生活的大部分时间，成为大学生形影不离，爱不释手的生活工具。建设者正好可以利用这种现象增强受教育者对新媒体矩阵的情感。其一，受教育者通过教育者运用新媒体矩阵传授知识，这在思想政治教育过程中不仅克服了空间和时间的限制，还方便了学生接受知识，更为重要的是让学生在没有压力的情境下受思想政治教育的熏陶，在潜移默化中接受思想政治教育内容。这种教育模式可以提升学生的幸福感和愉悦感，这为受教育者增强新媒体矩阵情感打下了情感基础。其二，通过新媒体矩阵不仅能够让教育者了解受教育者，更是方便了

123

受教育者对教育者有一个全新的认识。新媒体矩阵将会充当润滑剂的作用，消除学生对老师的隔阂和偏见，甚至会被老师的人格魅力所吸引，从而对老师所传授的知识会更加的认可和专注。并且新媒体矩阵中的教育者不仅仅只有本专业、本学院、本学校，它可以包含各专业、各学校，更多领域甚至是更多身份的人来作为受教育者的导师，让学生在生活中多一名向导，多一个维度，多一种可能，极大的拓宽学生的视野，满足学生的求知欲望。其三，每一个人都善于接受美好的事物，而处在美好环境中的人也会变得更加的宽容和善良，以此会形成一个美好的循环。高校网络育人新媒体矩阵便是这样的循环。在以思想政治教育为核心的新媒体矩阵不仅是承载专业内容的工具，更是一个传递正能量，传递爱和温暖，放大生活中美好细节的平台。让受教育者在接受专业教育的同时感受到国家、学校、老师、同学之间的温暖和关怀，克服新媒体中负面消极的影响，增进受教育者积极的情感体验，培养身心健康的优秀学生。

高校领导者、管理者积极响应国家新媒体融合的号召，重视新媒体矩阵的建设是高校网络育人新媒体矩阵的开始，由上及下，学校的各个部门、教育者受到鼓励积极投入新媒体矩阵建设之中，让学生从不同的维度感受知识的力量，积极接受知识的熏陶，提升了思想政治教育的有效力；当思想政治教育的有效性提升，产生社会影响，学校领导者会加大力度的坚持和发扬，积极鼓励教育者，从而产生一系列的良性循环，使思想政治教育有效性的发挥呈螺旋式的上升。

三、加强新媒体矩阵建设自觉

当教育主体充分认识并且积极接受高校网络育人新媒体矩阵时，随之产生的便是建设新媒体矩阵的自觉，又称作"意志"，这是在认识和改造客观现实活动中构成统一性的心理活动。"意志是个体自觉选择和确定目的，并根据目的支配和调节自己的行为，克服各种困难，从而达到实现目的的心理过程"。建设新媒体矩阵的坚定意志是教育主体巨大的精神力量，能够帮助教育主体排除万难，迎难而上，坚持目标不动摇的心理品质。加强教育者新媒体矩阵意识是推动新媒体矩阵持续发展的关键条件；加强受教育者的新媒体矩阵意识是激励受教育者坚持喜爱这种教育模式，转变使用新媒体娱乐习惯、克服新媒体负面影响的最佳选择。总之，加强高校网络育人新媒体矩阵建设的意志是保证新媒体矩阵付诸实践的决定因素。

意志具有几种特性，教育主体可以根据以下特性帮助自身加强新媒体矩阵建设的意志。

第一，意志的自觉性，这是指具有明确的行动目的，并且对目的意义及产生的社会意义有着深刻的认识，可以指导自己的行动服从于目的、社会意义。教育主体建设新媒体矩阵的目的是改善新媒体环境、促进思想政治教育发展、增强思想政治教育的效果、为社会培养全方面发展的人才。这一目的具有夯实的理论根基和实践基础，具有科学依据。教育主体要始终保持意志的自觉性，必须树立科学的世界观和价值观。具有正确的世界观和价值观，教育主体在建设新媒体矩阵过程中，进行思想政治教育时才能有正确的政治方向，辨别和引用合理的新媒体资源；才能理性地面对和解决建设过程出现的情况；才能具有高度的责任心和使命感以及长远的眼光，从而保证目的的实现。其中，受教育者树立科学的世界观、价值观还能够促使他们合理使用新媒体，提升辨别新媒体信息的能力，养成独立思考的习惯。

第二，与意志的自觉性的增强措施有异曲同工之妙的还有意志的自制力。意志的自制力是指在意志过程中善于控制自己的情绪，具有忍耐能力以及在行动中具有理性冷静、坚决执行决定的能力。加强意志的自制力主要取决于对新媒体矩阵建设对社会价值的了解和认可。当教育主体对新媒体矩阵建设的客观规律，社会价值认识的越深刻，便对新媒体矩阵建设越有信心，则自制力就越强。因此，教育主体在建设的过程中不断加深对高校网络育人新媒体矩阵的认识和了解，并从中感受新媒体矩阵的魅力，这对加强新媒体矩阵建设的意志也有重大的作用。

第三，在面对具有海量信息的新媒体时，具有明辨是非、灵活应变、当机立断的能力也非常关键，意志的果断性便是此种能力。教育主体想要提升意志的果断性必须从以下方面入手。其一，教育主体在认识新媒体矩阵建设规律的基础上要加强对新媒体矩阵技能的掌握和运用。教育者要努力培养自身的媒介素养，提升自己的新媒体运用能力和辨别能力，能够快速的从新媒体海量信息中准确寻找出合适的教育资源并加以编辑、利用，面对社会热点问题能够选择时机做出正确的分析和判断，及时的开展思想政治教育；掌握新媒体矩阵背后操作的具体方法和技巧，在有效的时间内解决新媒体矩阵出现的故障和问题。作为受教育者则应该加强自身的知识储备，面对问题能够有自己的见解并敢于表达和作为。其二，教育主体对高校网络育人新媒体矩阵在具有正确、客观的认识基础上要足够的相信自己、肯定自己。在新媒体矩阵建设过程中会有各界的质疑和否定，也会遇到建设瓶颈期，在这时教育主体要足够相信自己的专业和能力，加强自我反思、自我评价、自我鼓励，这也是意志锻炼的内在动力。

总而言之，只有不断地强化和促进对高校网络育人新媒体矩阵建设意识，深化对新媒体矩阵建设的认识、丰富对新媒体矩阵建设正面的情感体验、促进新媒体矩阵建设意志的强化一系列的心理活动过程，才能够让教育主体具有建设新媒体矩阵的正确方向和动力，才能够付诸实践。

第二节　科学建构高校网络育人新媒体矩阵模型

科学构建高校网络育人新媒体矩阵是在媒体融合的时代背景下新的尝试，是思想政治教育在发展过程中的必然选择，是将思想政治教育内容、方法、载体、环境建设进行综合创新。充分研究高校网络育人新媒体矩阵建设的理论基础、本质内涵、发展前景及其存在问题等诸多方面的内容是为构建高校网络育人新媒体矩阵做充分的理论准备。同时理论研究是否正确需要实践的检验。科学构建高校网络育人新媒体矩阵模型从明确建设的主体出发，依据马克思主义哲学、习近平新时代中国特色社会主义思想、教育学、管理学、心理学、传播学等为主要依据，致力于建设高校网络育人的新型教育模式，充分发挥新媒体的作用，促进网络思想政治教育的科学化发展。新媒体矩阵模型将会直观呈现矩阵的具体操作步骤，将矩阵的内在逻辑进行详细的剖析，为高校运行网络思想政治教育新媒体矩阵提供方法指导。

一、明确新媒体矩阵建设主体

"人的本质不是单个人所固有的抽象物，在其现实性上，它是一切社会关系的总和"，"不仅在客体方面，而且在主体方面，都是生产所生产的"，这表明主体的社会历史性是在社会实践中形成的。主体的意识性是指人具有意志和意识活动，意识活动不仅使主体把自身与客体、对象区别开来，能动地把握客体、对象的本质和规律，形成对象性意识，而且使主体把自身与自身的生命活动区别开来，形成自我意识与主体意识，自觉地调控主体的一切行为。主体的实践性将自己和动物相区别，根本标志是以生产劳动为基本形式的实践活动。主体的本质特征是高校网络育人新媒体矩阵建设主体应该具备的基本特性，为新媒体矩阵多元主体的建设提供了方向。

思想政治教育主体是思想政治教育的承担者、发动者和实施者。这从定义上明确了高校网络育人新媒体矩阵建设主体所要履行的职能。此外，主体性是网络思想政治教育主体的根本特点，表现为主体的主动性、超越性、主导性和创造性等属性，新媒体矩阵是在网络思想政治教育的基础上进行教育模式的创新，因此这也是新媒体矩阵建设主体必备的属性。只有建设主体在高校网络育人新媒体矩阵建设过程中主导和控制新媒体矩阵的发展方向，才能保证方向的正确性；只有积极、主动的运用新媒体矩阵进行网络思想政治教育，将两者融合，才能保证思想政治教育作用有效的发挥；只有在矩阵中勇于创新、探索创造更有效的教育方式，才能为新媒体矩阵增添活力，适应未来社会的发展。思想政治教育主体的本质与特点为高校网络育人新媒体矩阵模型提供了建设思路与实践指导。

高校网络育人新媒体矩阵的主体具有多元化，多样性，建设性的特征，并且具有改善思想政治教育环境、新媒体环境的功能，因此可以依据不同的环境划分新媒体矩阵的建设主体。高校网络育人新媒体矩阵建设主体可以分为三大类：社会主体、高校主体、家庭主体。它们主要是指在不同的环境下通过新媒体矩阵承担、发动、组织、实施思想政治教育活动的主体，其中包括个人及群体。这有利于整合社会、学校与家庭教育的作用，激发全员育人的潜力，调动受教育者学习的积极性，共同致力于培养德才兼备的优秀人才。

首先，社会环境是思想政治教育大环境，对受教育者的发展起着决定性的作用，影响和制约受教育者的思想道德倾向。确定新媒体矩阵建设的社会主体，有利于发挥社会教育的功能，促进社会环境的优化，这也是保障高校网络育人新媒体矩阵有效进行的基础。新媒体的出现加大了学生与社会的联系和接触，受社会各方面的影响程度急剧增加，新媒体矩阵社会建设主体的出现能够引导正确的社会风气，提供合适的教育资源，帮助受教育者树立正确的世界观、价值观、人生观。高校网络育人新媒体矩阵的社会主体主要包括具有新媒体影响力的社会组织、机构、个人等，例如，国家相关部门的官方账号、教育机构、社会名人等；而社会环境主要包含社会的生产关系、政治制度、文化传统、社会舆论等方面。新媒体矩阵的社会主体可以通过自身的职能和专业对社会的政策、新闻、热点进行分析，从不同的视角、层次剖析社会现象，发挥官方的权威性和影响力，让新媒体矩阵的受众对社会的各类现象有一个正确的认识和理解；同时，还需要新媒体矩阵的社会主体借助自身的影响力加大推出和宣传榜样人物、优秀文化及各行各业的优秀成果，从不同的角度、层面让受教育者了解社会发展的态势，接受榜样、优秀事迹的熏陶，树立道路自信、理论自信、制度自信、文化自信，培养受教育者的民族情感、爱国情怀。

其次，高校是促进思想政治教育发展的基本场所，是学生进行思想政治教育的学习园地，是高校网络育人新媒体矩阵建设的重要阵地。学校教育环境的优化、新媒体矩阵建设主体的分工和落实直接关系学生道德观念、行为习惯的养成，决定着学校教学氛围和质量，影响着新媒体矩阵作用的发挥。因此，要积极探索学校关于新媒体矩阵建设的主体，培养专业的建设队伍、形成新媒体矩阵建设合力。学校的建设主体涉及学校的各个领域，包含了学校各个部门、院系、团体、学生干部等，不同的主体扮演不同的角色。

第一，作为高校领导者的党委、工会、共青团、思想政治教育工作研究会是建设新媒体矩阵的领头羊，肩负思想政治教育发展、创新的职能。他们需要发挥带头作用，积极建设新媒体矩阵，保证新媒体矩阵发展的正确方向，确保高校网络育人新媒体矩阵内容的权威性和公信力。高校党委需要将高校网络育人新媒体矩阵建设职能化，引起组织、宣传、教育等部门对新媒体矩阵建设的重视，提升对新媒体矩阵建设工作的责任感和使命感。同时，党委需要对学校的各个院系制定明确的建设制度和任务，推动各个学院建设新媒体矩阵的积极性。除此之外，党委作为学校的建设者，主导核心，既要建设和管理学校内部的事物，也需要加强与学校外部的联系。由党委领导加强与其他学校新媒体矩阵之间的联系，可以互相借鉴建设经验，互相宣传、共同进步，形成高校新媒体矩阵联盟的形态，为莘莘学子创建丰富、广阔、健康的学习环境。

第二，高校网络育人不单单指学校的某个院系或者部门的具体工作，而是涉及整个学校的文化背景、教育理念、学术氛围，甚至是学校的每一处建筑及风景，都是高校网络育人建设的内容和可利用的资源。充分建设好、利用好高校的资源，需要学校组织部、发展规划部、宣传部、学工部、后勤保卫部等部门团结协助，他们是学校的中坚力量，是为高校网络育人新媒体矩阵建设定方向、定策略、定规则的群体，保障学校健康运行、增进教育质量的重要主体，高校网络育人新媒体矩阵的创建离不开他们的努力和付出。在新媒体矩阵建设中，各个部门需要根据上级机关的指示，将新媒体与工作职能相互结合，促进矩阵的形成。组织部需要组织协调其他部门在新媒体矩阵建设当中的职能和作用，在其中起到工作分配和监管的作用，处于新媒体矩阵具体建设的宏观操作者。发展规划部需要注重自身在思想政治教育新媒体矩阵中的重要性，承载学校历史与未来发展规划的重要职能，所制定的规划和计划都将得到落实。因此，发展规划部需要根据新时代的发展趋势，将新媒体矩阵建设作为重点规划对象，将新媒体矩阵从制度中确定，这是新媒体矩阵建设的重要环节。发展规划部一方面可以将学校的历史，规划的背景与前景等校园建设文化通过新媒体的方式传递给受教育者，让受教育者对自己所在的学校有全面了解，增进受教育者的归属感。另一方面，发展规划部在遵守基本原则的前提下，借助新媒体矩阵收集学生、教师的规划创意，动员全校的力量建设校园，增进全校人员的参与感。宣传部始终坚持与社会的主流意识形态一致的原则，在高校网络育人新媒体矩阵中制定工作方法、确定宣传内容、创新宣传方式、注重宣传反馈。宣传部在新媒体矩阵建设中制定的策略、方向、方法、原则将会是高校网络育人新媒体矩阵中的具体操作的核心基础，因此宣传部在新媒体矩阵建设中的位置至关重要。例如，宣传部需要具备敏锐的新闻嗅觉，积极关注社会、学校热点问题，抓住"热点"问题；需要犀利的专业视角，通过"蹭热度"的方式，组织进行专业的分析和解答，加强对受教育者的舆论引导，培养受教育者的思辨能力，树立正确的价值观和世界观；宣传效果的评定是获得多少关注和讨论，吸引多少眼球和好奇，引起多少参与和实践。同时，宣传部要注重宣传活动、会议方式在新媒体矩阵中的创新、创意构想，吸引受教育者的眼球，增强宣传力度。作

129

为做学生管理、为服务学生的学工部，是新媒体矩阵建设主体中与学生在工作中交流最频繁的部门，需要建立与学生之间的工作制度。借助学生的力量及时了解学生学习生活状态，敏锐的探索和发掘学生的实际需求，制定真正服务于学生的工作内容和方法，举办学生喜爱的校园文化活动，创建以受教育者为中心的高校网络育人新媒体矩阵。后勤保卫部则是服务学校环境、保障学校安全的职能部门。其部门内部需要制订在其职能方面的新媒体矩阵建设计划，在坚守自身岗位的同时，定期进行安全、环保知识的宣传，这是帮助受教育者树立安全、环保意识的重要、专业渠道。并且通过新媒体矩阵的教育方式，使后勤保卫工作者能够便捷地参与到学校建设中来，让后勤保卫人员成为学校建设的一部分，激发工作人员的工作热情和责任心。总而言之，学校各部门都是学校各方面的建设者，是高校网络育人新媒体矩阵建设的策划者与管理者，每一个部门担起自身在新媒体矩阵中的角色，为受教育者创建一个集感性与理性、娱乐与专业，自由与规则为一体的新媒体矩阵。学院较于部门在新媒体矩阵建设的管理和决策，其范围更小、更集中、更具有针对性。学院所需要承担的既有学校及其部门的要求和任务，也包括学生在专业和道德发展方面的需求，是学校与学生之间互相联系的纽带。

第三，不同专业的院系为高校网络育人新媒体矩阵建设提供了人才和专家。新媒体矩阵建设不是一纸空文，而是需要落地扎根的实际建设和操作，在一个系统建设中不仅仅需要领导者、决策者、管理者对规则、计划等大方向的确定，更需要将其规则、计划落到实处的操作者以及对新媒体矩阵进行内容充实、把关的理论专家。其一，在新媒体矩阵建设中，思想政治教育内容的确定直接关系信息的权威性和公信力，直接影响学生在专业与思想方面的发展和进步。因此，各专业的教师需要担负起新媒体矩阵内容建设的重要主体，尤其是马克思主义学院的教师。高校网络育人传播和教学的主要途径是通过理论教学与德育相结合，其中理论教学需要专业的思想政治教育教师进行授课、讲解，他们具有深厚的专业知识，善于运用思想政治教育方法，与其他专业的教师相比，他们更具有建设新媒体矩阵的理论、经验，新媒体矩阵建设需要他们的支持与参与。而德育内容则遍布在学校的各个领域，需要从领导者、管理者、教育者在工作和日常生活中体现。新媒体矩阵在内容得到确认后，在传播过程中有很多的展现形式，例如，纯文本、纯图片、文本+图片、文本+图片+音频、短视频、直播视频等。各种各样的展现形式需要更多专业信息技术人员，包括网络技术安全人员、文本编辑、播音主持、剧情导演、艺术设计、影片摄影、后期剪辑等制作人才。新媒体矩阵信息传播的形式与传播效果密切相关，各类相关的人才是新媒体矩阵建设缺一不可的主体。而这些主体可以来自各学院的老师与学生，例如，新闻传播学院、计算机学院、艺术学院、文学院等。这便将学校的每个人都参与到新媒体矩阵建设之中，形成大范围、聚力量、高成效的新媒体矩阵。其二，在院系当中承担思想政治教育重任的是辅导员。高校辅导员是建设高校网络育人新媒体矩阵的骨干力量。关于学校、学院、学生的事物都是由辅导员进行信息传播，辅导员工作的效率直接影响思想政治教育有效性的发挥，同时辅导员是学生的良师益友，是最为亲近的老师，时刻关注学生思想动态、行为规范管理、心理健康等内容和事物。辅导员在新媒体矩阵传播过程中承担着"中间人"的位置。辅导员需要在新媒体矩阵建设中做好信息接收、储存的工作，及时接收关于学生工作和院系工作的通知、管理学院教师的安排及学生的学习、生活、思想发展状况信息；需要对信息进行区分、筛选、甄别的"加工"工作，确保信息在传播中的有效性；要做好信息的发布工作，确认信息内容的正确性、合理性；创新信息传递方式的多样性和丰富性；确保信息效力的权威性和导向性。辅导员做好"中间人"的位置，使高校网络育人新媒体矩阵信息的传播更加的通畅，教书育人的任务执行得更加顺利。其三，随着内容的确定、传播方式制作的完成，接下来便是信息发布与传播环节。此环节的主体不仅包括进行信息"把关"的辅导员，还需要专业的宣传人员，还需要庞大的传播受众，即学生、学生团体。专业的宣传人员需要具备基础的传播学、心理学理论知识，能够准确把握宣传时机，掌握受众的心理活动，掌控宣传舆论导向，形成热点，吸引受众。在专业人士的指导下，各个学生会组织、社团、党员、学生会干部等群体要带头转发、点赞、评论，形成一传十，十传百的局面，共同为思想政治教育内容"造势"。

　　第四，在学校最为庞大的群体便是"学生"。学校教学质量的提升、环境的建设、教育主体全身心的投入都是为了培养身心健康发展、具有良好道德品质、具备专业知识与技能的优秀学生群体。大学生是高校教育的出发点和落脚点，大学生的切实需求是高校教育创新建设的动力和方向，大学生乐于接受、欢迎的事物是高校教育研究的重要领域。经过互联网群体调查，大学生是网络新媒体最庞大的受众，这决定了大学生是高校网络育人新媒体矩阵建设原因与教育效果的重要体现者，是新媒体矩阵建设的不可或缺的主体，如果没有学生的参与，那新媒体矩阵建设则毫无意义。学生在新媒体矩阵中主体性的发挥主要体现在学生经过新媒体矩阵内容的传播和接收后自觉进行的自我教育，将内容内化于心、外化于行，产生与社会要求一致的思想和行为，并通过新媒体矩阵将信息反馈给上一级的主体，进行分析、评估，优化建设。学生的主体性还体现在学生可以通过方便、快捷的新媒体矩阵提出实际需求、述说情怀、展现自我，这不仅丰富了学生的校园生活，也让学生徜徉在舒适的学习、生活、交际的环境中，获取渊博的知识，结交志同道合的伙伴、记录美好生活。

最后，社会环境、学校环境于大学生而言是工作、教育的场所，是典型的外部环境，而"家"是心灵的港湾，是情感的慰藉，是最温暖、最柔弱的内部环境。加强高校网络育人，提升受教育者家庭美德，继承中华民族优秀传统文化需要内外环境共同发力，所以家庭环境是新媒体矩阵建设的重要部分，父母是新媒体矩阵建设的关键主体，而主体性的发挥更多体现在对受教育者的家庭教育中。自学生从高考的压力解放出来，进入大学便与家庭、父母的联系少之又少，而父母迫于距离、时间、空间的问题也无法及时了解孩子的真实情况和心理发展状态。大学学习阶段是学生世界观、价值观、人生观形成的重要阶段，学校和老师的力量还远远不够，因此需要父母、家庭的介入，帮助他们成长，尤其是现在大学生独生子女的情况比较多，在生活自理、独立方面也还需要很多的指导。另一方面，父母通过新媒体矩阵了解学校文化、参与学校教育互动、关注现代大学生的心理状态；跟随时代潮流，走进学生视角，从而改变传统的教育观念，改善传统的教育方法，学会与孩子平等对话，使得父母与孩子的距离越来越近。高校网络育人新媒体矩阵建设模型中会设计与家庭实施连接通道，让新媒体矩阵成为父母与孩子之间保持有效沟通的桥梁。

总而言之，新媒体矩阵在主体布局中所采用的模式是党委领导，多部门管理、策划，各院系制作具体内容，整个学校人力资源联动成为信息内容发布者的"金字塔"模式。不管是社会环境中具有影响力的人物、官方账号，还是学校各个层次的部门、学院、群体、个人都要发挥主体性，参与到高校网络育人新媒体矩阵建设中来，成为新媒体矩阵建设的重要主体。而高校网络育人新媒体矩阵建设也需要整合高校网络育人的人力资源，发挥自身的力量，形成"全员育人"的新媒体矩阵模式。

二、确立新媒体矩阵建设依据

高校网络育人新媒体矩阵是一种新的教育模式，从新媒体矩阵管理建设、内容设定、形式制作、传播方式、信息反馈等环节都是有据可依、有章可循，具有科学性和可操作性。在高校网络育人新媒体矩阵建设过程中依据的理论非常丰富，马克思主义关于人的全面发展理论及实践理论、社会主义意识灌输理论等确保了新媒体矩阵具有科学理论指导；思想政治教育学原理贯穿新媒体矩阵建设全程，它是新媒体矩阵建设的理论保障，明确新媒体矩阵的目标、内容及方向；新媒体矩阵是一个完整的系统，需要专业的人员进行全面的管理和运行。因此，管理学的基本内容是保证新媒体矩阵健康运行、长久发展的基础；心理学知识为新媒体矩阵了解、掌握教育主体的心理发展特点及代际特征，从而为思想政治教育更具针对性给予了专业指导。"新媒体"的本质是大众传媒的组成部分，是新闻传播的新兴媒体，它自身的发展、时效性的发挥便是以传播学为重要支撑。因此，传播学也是新媒体矩阵建设的重要依据。在具备理论学科之外，新媒体矩阵建设也是适应社会发展、响应社会融媒体号召的全新尝试，国家政策与意见便是新媒体矩阵建设的实践依据，这为新媒体矩阵建设提供了强有力的政策支撑，促使新媒体矩阵得到更多的关注和支持。同时，科技的发展，新媒体的表现形式、种类日益丰富，受众面迅速扩大，影响力越来越大，这一方面为新媒体矩阵建设提供了技术支撑，使矩阵建设成为可能；另一方面，新媒体在现实生活中地位与影响为新媒体矩阵建设提供了必要性，是思想政治教育者必须抓住的机会，努力培养全方面发展的人才，主动承担作为一名教育者的责任。

首先，依据网络思想政治教育原理建设新媒体矩阵。网络思想政治教育学原理包含了思想政治教育的目的、任务、环境、过程及其规律、教育者与受教育者、内容、原则、方法和艺术、载体、管理等各方面理论知识，是进行网络思想政治教育实践活动的理论指导，也是新媒体矩阵建设的基本遵循。其一，网络思想政治教育目的和任务体现了思想政治教育的本质，一方面为新媒体矩阵建设指明方向、提供动力以及为新媒体矩阵建设的成效提供衡量的依据。另一方面确定新媒体矩阵所要承担的任务：引导大学生树立崇高的理想信念、帮助大学生拥有积极健康的精神状态等。新媒体矩阵以完成此任务为基础，向改善整体网络思想政治教育环境、优化新媒体环境，创新教育模式出发和前进。其二，网络思想政治教育环境为新媒体矩阵建设提供了雏形，高校网络育人新媒体矩阵需要宏观环境、微观环境理论的指导。网络思想政治教育环境的复杂性与动态性决定了新媒体矩阵将是一个从不同层次、不同类型、不同方法，并且在矩阵内部各个要素一直根据受众活动的状态互相作用、碰撞的立体、动态环境体系。网络思想政治教育环境的特定性、可创性指导新媒体矩阵在建设过程中要注重特定环境的作用和功能，对其进行具有针对性的设计和宣传。另外，新媒体根据自身全民皆可参与的特性决定了网络思想政治教育主体随时、随地可以发挥自己的主观能动性去影响周围的环境，这与网络思想政治教育环境特点有异曲同工之妙。网络思想政治教育微观、宏观环境的划分为新媒体矩阵建设微观与宏观环境提出了要求。只有依据经济环境、政治环境、文化环境为背景建设大众传媒环境才能使新媒体矩阵具有立足之地；同时新媒体矩阵只有关注微观环境，如家庭、学校、学生组织、同辈群体才能让矩阵的作用发挥到实处，才真正地具有建设意义。其三，高校网络育人新媒体矩阵的关键是关于如何有效开展高校网络育人的研究，其建设的基本过程、规律、主体与网络思想政治教育的过程、规律、教育者与受教育者的研究是保持一致的。尤其是网络思想政治教育过程的主要矛盾是新媒体矩阵建设所要努力解决的方向。新媒体矩阵建设依据主要矛盾，要求教育者具备网络思想政治教育理论基础与新媒体运用技术两方面的高水平素养，对教育者提出了很高的要求。只有教育者在理论与实践方面具有高水平素养才能够解决矛盾，帮助受教育者树立良好的思想道德品质。通过新媒体矩阵，受教育者可以缩短与社会之间的距离，可以缓解与社会要求之间的矛盾，可以对受教育者内在世界发展的需求和渴望予以满足。新媒体矩阵建设是对网络思想政治教育规律的遵循，是保持教育者与受教育者张力、教育与自我教育相统一、协调新媒体发挥同向作用的最佳教育模式。网络思想政治教育者与受教育者的研究一方面使新媒体矩阵对教育者特征和职能有了一个全面的了解，为教育者在矩阵中发挥作用给予了很大的帮助；另一方面对受教育者的剖析能够使矩阵划分不同的受众，促进教育的全面性与针对性完美结合。其四，网络思想政治教育内容是高校网络育人新媒体矩阵建设的中心要素，其他的要素都是为了让网络思想政治教育内容更好、更及时地传递给受教育者。因此，掌握网络思想政治教育内容是新媒体矩阵建设的立足点。网络思想政治教育内容的六个方面为新媒体矩阵的建设提供了依据，新媒体矩阵为了建设成为具有层次性、针对性的教育模型，不仅在教育者、教育对象方面具有层次性的设计，在内容方面亦是如此。所以，新媒体矩阵会设置六个教育模块，结合社会特定的节日、活动及重大事件、国家政策等方面的内容为一定时间的"核心"，在矩阵中推送为"置顶"状态，并在新媒体矩阵中运用不同呈现方式进行"轮播"。这样既方便受众快速、准确地找到需要的内容，也可以加深受众对教育内容的印象。其五，高校网络育人新媒体矩阵只有遵循网络思想政治教育的客观规律，牢牢地将网络思想政治教育各项原则贯穿整个建设过程才能在复杂的新媒体环境、庞大的新媒体受众、海量的新媒体信息中一直保持正确的方向，寻找合理的教育资源，探寻合适的教学方式，开展有效的网络思想政治教育。其六，网络思想政治教育方法和艺术、载体、管理是确保新媒体矩阵有效传播、搭配与内容相适应的平台、保障矩阵有效运行的依据。网络思想政治教育方法和艺术，一方面为新媒体矩阵传播方式提出了系统的要求，要求要具有针对性、要注重综合运用多种教育方式、要创造性地运用教育方式，新媒体矩阵不仅接受方法的指导，并且将其融为了自身的特点。另一方面网络思想政治教育艺术不仅能使新媒体矩阵教育内容有效的传播，还能影响教育内容的呈现方式，提升受众的审美。网络思想政治教育艺术对新媒体矩阵提出了要运用具有感染力的教育技能和技巧，要创新话语体系，采用生活化阐述、形象化表达、对话式交流并且充分考虑教育对象的话语习惯，用大学生愿意听、听得懂的话进行新媒体矩阵传播，这样会进一步提升有效性的发挥。新媒体矩阵对教育内容的不断输出会使得大学生对其产生厌烦的情绪，掌握教育适度的艺术，寻找合适时机、选择突破口成为新媒体矩阵建设中克服受众厌烦情绪、提升吸引力的重要手段。其七，载体是承载、传导教育内容的重要因素，新媒体矩阵便是网络思想政治教育载体的一种，网络思想政治教育载体运用的基本要求也是对新媒体矩阵的要求，并与矩阵运用过程相吻合。网络思想政治教育管理则更多地体现在高校网络育人新媒体矩阵机制的建设中，是新媒体矩阵在目标管理、计划管理、规范管理、信息管理、队伍管理运作的保障。

其次，依据传播学理论建设高校网络育人新媒体矩阵。传播学中的传播特点、模式、功能、原则、技巧都是新媒体矩阵建设过程中必须要掌握和运用的重点内容。传播学本身的特点与新媒体矩阵建设具有一致性，都是具备整体性、互动性、开放性、综合性、发展性的特征，新媒体矩阵建设就如同建立一个循环、高效的传播模式。因此，了解、掌握传播学的基本内容为新媒体矩阵建设所用是保证矩阵有效开展的基础。其一，"传播是人类通过符号和媒介交流信息一起发生相应变化的活动"。传播分为内向传播、人际传播、组织传播、大众传播、跨国传播，必须重点把握人际传播、组织传播、大众传播。人际传播是传播者与接受者是彼此熟悉、时有往来，以面对面的传播形式为主，这种传播形式的作用是交流性强，信息反馈直接、快速、集中；并且能够准确掌握信息的流向、流量、准确度、清晰度等作用，能够在较短的时间内改变教育对象的态度和行为。新媒体矩阵依据人际传播的特点及功能，在建设过程中要注重在"熟人圈""朋友圈"中设定作用的发挥，例如：利用学生群体加强信息在朋友圈、空间、好友圈中的转发度、点赞量，设置有奖问答、答题积分等方式吸引、稳固群体之间的传播关系，帮助协调人际关系，有助于社会态度的统一。同时这也要求专门处理学生工作的辅导员需要通过新媒体矩阵加强与学生之间的交流，真正的走入学生群体当中，做学生的知己，这样才能及时、准确、清晰地了解学生的实际情况，从而改变学生的态度和行为。组织传播强调组织成员之间或组织与组织之间的信息交流行为。组织传播具有稳定性，能够密切联系成员；通过具有训导性、指令性的内容，能够协调行动，减少摩擦，促进信息的有效传播；组织传播活动具有一定的规模，因此组织传播的受众比较广泛，能够加速内容的吸收。新媒体矩阵传播也必须注重学校与学校之间，以及部门、学院、社团之间的相互联系，通过新媒体加强各自组织的内部团结，也利用新媒体矩阵将他们之间串联起来宣传网络思想政治教育内容。每一个组织都是如同新媒体矩阵当中的细胞，不能被忽视，要积极挖掘、利用。传播学中讲述大众传播的功能是树立典范、统一规范、监视环境、传播知识、提供娱乐等。新媒体矩阵建设通过借鉴大众传播的功能需要注重典范、榜样的树立。高校教育者可以通过举办"优秀学生"评选活动，采取网络投票的形式，将评选者的优秀事迹、成果展示给学生，让学生对其进行投票。这样既能够让学生了解何为"优秀学生"，影响和改变学生在学习、生活中的行为习惯，激发学生向他们看齐的动力，又能够方便学生参与学校活动，丰富校园生活。其二，传播模式从单向传播模式至双向传播模式，到现在所讲的互动传播模式，每一个模式的转变都使传播有了质的提升。整体互动传播模式符合当下社会发展态势，也是新媒体矩阵需要吸收的重要模式。整体互动模式不仅要充分考虑本系统与外部世界的复杂联系，还要重视传播过程中各种因素共同构成的整体关系以及人类传播的全部现象。以此为建设新媒体矩阵的依据便要求教育者要注重处理新媒体矩阵整体与部分的关系，充分考虑各个要素有机结合，同时注重矩阵的内在结构与外部环境的联系。整体互动模式还具有四大圈层因素，分别是核心要素、次级要素、边际因素、干扰因素。核心因素是基本因素，即"五W模式"，即传播者、信息、媒介、受传者、效果。这为新媒体矩阵建设提供了清晰的研究思路。次级要素是关于信息来源、传播形式、传播技巧、信息互动主体、受众对信息传播方式的认识等，这要求新媒体矩阵建设要把握信息来源分析、参与分析、反馈分析等。每个传播活动背后的意义、影响、规则等因素则称为边际因素。第四个因素是干扰因素，这是新媒体矩阵建设中需要加以克服和解决的问题，新媒体矩阵是一个开放性的教育模式，会受到外界不同方面、级别的影响，这在建设的过程中需要得到重视并且解决。整体互动模式为新媒体矩阵在细节的设置和把握上发挥了很大的作用，使教育主体具有清晰的构思并提前认识到建设中存在的不足及其挑战。另外，传播学将传播过程中的传播者、传播媒介、传播技巧、传播效果等各类因素进行了详细的分析研究，这为新媒体矩阵在各个环节中的设定与建设提供了教科书式的借鉴经验。

再次，依据心理学理论构建高校网络育人新媒体矩阵。心理学是专门研究人的心理现象及其活动规律的科学，它与网络思想政治教育具有密切联系。网络思想政治教育是培养人们形成正确价值观念，陶冶高尚情操、塑造美好心灵的教育学科，是"做人的工作"，其前提是要了解教育对象的心理、思想以及行为的形成以发展规律，而这些都必须以心理学为理论基础及基本依据。网络思想政治教育在教育的过程中需要不断的揭示教育对象的心理活动过程，并且依据心理发展规律对其进行教育，使教育对象的思想品德符合社会的客观要求。因此，高校网络育人新媒体矩阵从无到有、从有到精这整个过程都需要建设主体具有心理学的知识和理论，帮助教育主体树立新媒体矩阵意识、强化新媒体矩阵情感、坚定新媒体矩阵意志；也要通过心理学了解教育对象的心理活动、思想发展规律以及思想与行为的关系，从教育对象的实际情况进行思想政治教育；新媒体矩阵建设在设计、制定、传播、反馈等环节具备艺术的特性，新媒体矩阵建设主体的情感、思维、能力等都需要心理学的专业知识为其做支撑，才能促进教育主体准确、有效地进行思想政治教育活动。其一，思维是人脑反映客观事物的本质属性及其规律性联系的心理过程，是建立在感知基础之上具有概括性和间接性的认识活动。当教育主体认识并且具有建设新媒体矩阵意志是远远不够的，必须还要具备把新媒体共同的、本质的特征及规律进行联系加以概括、归纳，并且还需要借助自己已有的教育经验去判断、预测、推断高校网络育人新媒体矩阵建设将会遇到的困难，需要具有长远的目光和计划。这些规律的概括总结、预测未来事物的发展方向都需要通过心理学中"思维"学习锻炼而获得。思维的广阔性、逻辑性、灵活性的品质为新媒体矩阵建设主体提出了从各个方面去分析考察问题的能力要求，以及严格遵守逻辑规律，判断有理有据，概念准确清晰，目的坚决明了的品质要求，最为重要的是在建设新媒体矩阵中还要善于根据事物的发展变化而随机处理、灵活多变、灵敏迅速地思维品质。其二，需要是人在生理、生活方面的客观需求在脑海中的反映，是自身内部与周围外部环境具有不平衡状态的反映，也是个体在生活中感到某些方面欠缺而需要获得的一种心理倾向。需要一般通过愿望、兴趣、动机等形式表现出来，在这方面新媒体矩阵可以给予教育主体方便展现的平台，为满足教育主体实际需要走出了第一步。另外，需要一旦被意识和认可，便会产生内在动力，成为"思想动机"，这是个体外化行为的源泉，是实践的基本动力。因此，教育者要以教育对象的实际需要为出发点建设运行新媒体矩阵，才能激发教育对象接受教育的思想动机和行为。社会需要、教育对象需要的指向性、可变性、周期性也为教育主体提供了教育的目标、方向以及制定教育计划的思路、规律。除此之外，需要的层次结构为新媒体矩阵内容的层次性提供了指导依据。结合马斯洛的需要层次理论，不仅要求教育者在不同专业、不同年级、不同个性中划分网络思想政治教育的层次性，更要从教育对象的需要层次中整合教育资源，满足需要。其三，能力是在实践中形成和发展起来的、直接影响人顺利有效地完成活动的个性心理特征。在心理学中能力主要指观察、分析、辨别、领导、管理等思想能力，它与知识、技能具有一定的区别。新媒体矩阵建设主体在获得新媒体矩阵领域的基本认识和内容，掌握高校网络育人、新媒体矩阵的实施技能的基础上，还要具备较强的能力。只有具备较强的观察能力才能够在新媒体环境中真正做到善闻其言、善观其行、善察其情，准确掌握教育对象的思想倾向、心理状态，同时准确搜集教育资源、及时发现教育问题、快速掌握教育需要；只有具备全方位的分析能力才能深刻认识事物的本质、摸清事物的变化规律、揭示主要矛盾；只有掌握强有力的辨别能力才能在海量的新媒体信息当中区分事物的是非、真假、善恶，才能够对负面信息坚决做出批判、反对、抛弃，旗帜鲜明地提倡、发扬、吸收优秀内容；只有具备出色的领导能力，才能将高校网络育人新媒体矩阵的措施、理念、内容、原则、方法等内容高效、合理、精准的实施，才能将新媒体矩阵有条不紊、井然有序的运行和持续发展下去。

最后，依据管理学理论构建高校网络育人新媒体矩阵。管理学的发展经历了三个重要发展阶段，即古典管理理论阶段、行为科学管理理论阶段和现代管理科学理论阶段。管理理论融合、吸收了多个学科研究成果，具有明显的综合性、交叉性，对从事管理工作的工作者具有重要的指导意义。新媒体矩阵是一个全方位的教育模式，内容和形式上的充实、创新需要专业管理队伍的运行和操作。因此，借鉴和依据管理学的内容建设高校网络育人新媒体矩阵成为必不可少的理论基础。第一，高校网络育人新媒体矩阵是将教育主体的需要、动机、目标和成长与思想政治教育目标联合的组织，需要遵循组织理论的基本方法与原则。组织发展理论要求在新媒体矩阵目标设计及落实目标的过程中，应尊重个人思想的充分而全面的发展、应在充分考虑受教育者主体意识的基础上去呼应组织的总体目标，同时加强对学生群体中非正式组织的引导，使其与正式组织在目标上保持一致，形成教育合力。组织发展理论强调新媒体矩阵的运行和发展需要充分了解外部的状况，洞察环境未来的发展变化，及时调整策略应付时势，时刻保持在动态的环境中促使思想政治教育目标的实现。另外，组织结构理论在新媒体矩阵机构设置上给予了丰富的指导。其强调新媒体矩阵建设需要明确各部门的职能和职责，反省自检是否存在重复浪费的情况；注重新媒体矩阵建设要具有吸引力的愿景作为教育者行动的向导，促使教育者能够准确理解并积极从事自身的任务。组织结构模式不是一成不变的，不同的组织结构具有不同特点、性质、职能，具体选择结构模式需要具体问题具体分析。第二，新媒体传播具有去中心化、碎片化的特征，要解决这一特点必须注重高校网络育人新媒体矩阵权威性的建设，而"领导"是权威性树立的关键，领导的有效性直接决定着一个组织的工作效率和发展水平。因此，加强领导品质理论、行为理论、有效性的情景理论能够促使高校网络育人新媒体矩阵有效运行和健康发展。领导品质理论要求新媒体矩阵建设者要具备优秀的品质，思想政治素质是统帅和灵魂、知识和能力素质是关键、身心素质是基础。只有兼顾三种素质才能够称为合格的领导者。首先，在领导品质理论方面。其一，应加强领导个人品质修养。在思想上必须推崇仁爱，重视人际关系和谐，善于在团队中建立一种亲和关系。在行为上尽量取得他人的认同和接受，提倡为他人、社会奉献的集体主义精神。不仅如此，高校网络育人新媒体矩阵的领导是做人的思想工作的领导，对个人道德观念和品质标准需要有更高的要求，要具有不妥协、果敢、大度、博爱、自信、机智等优秀品质。其二，领导需要加强自身能力的提升，这表现在理论和实践方面的积累与丰富。在科技快速创新发展的时代，而新媒体矩阵又是一个不断革新的平台，这要求领导者必须不断地学习、丰富知识储备，尤其是在新兴媒体领域；同时需要保持不卑不亢的心态，能够积极接受新的媒体事物和环境，又能够在面对网络环境各方面的影响下保持教育初心，牢记教育使命，积极理性的抓住教育资源与机会。在新媒体矩阵实践中要积累经验、借鉴经验，增强自身建设的实践能力，拥有解决矩阵建设过程中的各类矛盾和问题的能力。其三，善于运用激励理论。作为一个矩阵建设的优秀领导者必须学会运用激励的方法进行网络思想政治教育，重视教育者与受教育者的需求，只有抓住这一点才能够激励教育者的工作积极性，探寻有效的新媒体矩阵教育的方式方法，才能够吸引受教育者的关注，促使受教育者接受网络思想政治教育内容。其次，增强领导行为理论对新媒体矩阵建设也具有重大影响。新媒体矩阵是一个多平台、有层次、有针对性的融合发展，而网络思想政治教育具有复杂性、多面性的特征，这都决定了新媒体矩阵领导者需要具备各方面的协调能力和适应能力，科学灵活地协调好人与人之间、人与工作之间的关系，创建良好的人际环境、教育气氛，为新媒体矩阵教育模式的顺利开展和取得良好效果提供有利条件。第三，面对新媒体庞大的信息量及快速变化的形势，领导者必须具备快速决策、合理决策、有效决策的能力，因而管理学中的决策理论是提高高校网络育人新媒体矩阵决策水平的重要依据和途径。决策理论当中具有科学化、民主化两面旗帜，而在新媒体矩阵建设中要如何实现决策的科学化与民主化需要决策理论的指导。其一，作为新媒体矩阵教育者要具备理性决策的能力。要明确建设问题，确定最优目标，使网络思想政治教育沿着正确、有效的方向前进；在问题得以明确后，要提出科学教育设想，这其中包括教育对象在进行网络思想政治教育过程中存在问题的种种影响因素、程度及解决方法等具有一定理论依据的推测、设想并具备解决思路。同时按照设想的方法、途径开展网络思想政治教育。其二，新媒体矩阵教育者要锻炼自身的方案评估能力。在"信息爆炸"的今天，学生时刻面对着许多的新事物、新问题、新矛盾，对无数的信息要进行判断和辨别。而教育者需要从受教育者中捕捉尽可能多的内容和信息，制定多种方案，并且对方案进行各方面的评估，从中选择最优化的"令人满足"的合理有效方案。新媒体矩阵影响力非常的广泛、有力，对方案的制定提出了更高、更严格的要求。因此，教育者对新媒体矩阵方案的制定和实施必须确保其正确性和权威性。其三，高校网络育人新媒体矩阵的建设对象是具有思想且数量庞大的大学生，而大学生运用的平台、使用的方法是瞬息万变的新媒体，新媒体矩阵进行决策会受到各种不确定、不定量的因素影响，出现"牵一发而动全身"的现象。这便导致对新媒体矩阵做出决策时，很难精准的把握每一个细节、每一个步骤，这要求决策要具有一定的弹性和可调节性，方便对其进行动态调节、修正、补充而提升决策的适应能力。同时在渐变决策理论当中还要求教育者现行策略在大体上能满足受教育者的需要、处理问题的方法需要具有高度的可持续性、不能无视成本代价而力求至善至美的方案，在方案实施之后要及时跟踪检查并及时反馈，保证新媒体矩阵方案顺利进行。

三、搭建新媒体矩阵建设模型

高校网络育人新媒体矩阵建设模型是指在思想政治教育学、管理学、传播学、心理学等学科的理论指导下，依据高校网络育人新媒体矩阵建设的各要素之间的相互关系，以应用最广泛，受众面最大的新媒体为核心，纵向链接各层的同类级新媒体，横向链接其他类别的新媒体，服务于高校网络育人目的实现，聚焦于高校网络育人内容的选择与传递。高校网络育人新媒体矩阵建设模型的设计主要包含主体、内容、环境、环节、过程等诸多内容。

高校网络育人新媒体矩阵模型是以高校网络育人为核心内容而搭建的，其核心主体包含学校党委、各级部门、院校、学生群体。新媒体矩阵的影响涉及学校的方方面面，承载的内容包含学校大大小小的事物，是一个集学校、部门、院系等各个层次信息传递为一体的模型。新媒体没有时间和空间的局限，连通社会的各个方面，社会信息是高校网络育人的资源，社会自然成为新媒体矩阵建设的大环境。大学生进入大学，开始独立成长，与父母面对面的交流、沟通与中学相比逐渐减少，而父母也因为距离较远等原因无法及时参与孩子在大学的成长，对孩子的学习情况、身体情况都缺乏全面了解，但新媒体矩阵建设可以帮助家长补全这份缺失，家庭也是矩阵的重要组成部分。因此，高校网络育人新媒体矩阵通过新媒体渠道，搭建学校、部门、院系、社会、家庭、个人的主体交流互动平台，形成有效联动，共同致力于创建由点连线、由线及面、由面成体的高校网络育人新媒体矩阵，推动网络思想政治教育的创新和新媒体的健康发展。

网络思想政治教育是一种特殊的传播行为，其教育信息的传递过程与传播学内容有着一定的契合度。另外，新媒体的本质是一种传播媒介，其内在传播规律和要素都遵循传播学。因此高校网络育人新媒体矩阵建设与传播学具有密切的联系和交叉。传播学当中的信息传播理论对新媒体矩阵模型建设具有重要的借鉴意义。在传播学的历史发展过程中，传播学者提出了许多的传播模式，特别需要关注的是"整体互动模式"。该模式强调整体性和全面性，包含了大众传播、人际传播、网络传播；强调辩证性和互动性，指出模式中的各个要素是双向交流，互相作用的；强调动态性和发展性，随着传播内容、传播主体认识的变化而变化；强调实用性和非秩序化，该模式密切关注现实，紧密联系实际，且不用精心于某一步骤的设计和完善，信息可以越过某些要素传递给受众。

第一，思想政治教育目的是指通过思想政治教育活动，在受教育者的思想和行为方面所期望达到的结果。目的的实现需要受教育者经历"内化"与"外化"的过程，这一过程的有效实现涉及心理学范畴，新媒体矩阵模型设计需要以心理学理论知识为建设基础。心理学中的"反射调节系统"直观的表现了"思想与行为"的关系，表明人的思想是客观刺激与反应活动之间的中间环节，人的行为要受思想活动的支配和调节；人的思想的内在本质决定人的行为的外部表现，外部行为是个体思想活动的直接表现和结果。马斯洛需要层次说将"需要"进行划分，指出需要层次的产生与个体发育的密切关系，强调了"需要"的重要性。关于形成个性心理倾向的世界观、理想、信念之间的关系为新媒体矩阵塑造和培养受众指明了方向。

新媒体矩阵是一个系统，促进系统有效运行、持续发展需要有效的管理。科学管理要求对组织中的各个要素实行最佳整合，以达到最满意的效果，实现预定的目标。科学管理包含管理主体、手段、过程、反馈、目标等内容，这为新媒体矩阵模型设计提供了科学的管理模式。新媒体矩阵模型中的管理主体是学校领导者和部门、院系的管理者，再到学生干部，以此形成一个自上而下的管理机构。思想教育管理学关于思想教育信息管理环节的构思以及思想教育"管理场"模型的设计对新媒体矩阵模型信息内容的传播及管理具有借鉴意义。

第二，高校网络育人新媒体矩阵模型设计是新媒体矩阵运行的直观呈现，其模型包含建设主体、建设内容、建设环境，在整个系统运行中融入了新媒体矩阵的管理、决策、反馈和评价等要素。

建设主体为学校党委、部门管理者、院系教育者、学生群体、社会群体、家人、个人。学校党委是高校网络育人新媒体矩阵建设的领头人，把控新媒体矩阵建设的方向和总体目标的设定；组织、宣传部门接收指令，制定工作方案、设定二级目标、分配其他部门任务，所有部门围绕主题、目标结合本部门实际情况制定详细备选方案，经过严格筛选，确定执行方案，在规定时间内利用新媒体官方账户以不同的新媒体形式发布相关内容，并且各部门之间建立新媒体联系，互相转发、评论。各院系与部门处于平行、互补关系，接收指令，制订教学计划，设定阶段性目标，分派教育者教学任务，并将计划、目标、任务通过新媒体传递给受教育者，且在规定时间内完成相应任务，通过新媒体短视频、文件、直播等新媒体形式发布。学生干部、学生会等群体接受部门、院系的工作任务，积极转发，动员学生的参与，同时通过线下生活以及线上评论的渠道积极收集学生意见，向上级部门反馈。家庭成员通过各院系建立的微信新媒体平台了解、关注学生在校的动态信息，并且与院系管理者积极互动；学生个人通过各类新媒体信息的传递，积极关注学校官方账户，积极参与，提出反馈意见；教师个人通过新媒体各种传播方式发布教学动态，同时积极关注学生生活。因此，形成"全校统一目标、任务，多方共同参与、多种方式传播、互联互通、共治共享"的宣传格局，主导舆论氛围。

建设内容为网络思想政治教育信息资源。新媒体矩阵资源包括社会信息资源，这一方面资源需要组织、宣传部门、各院系共同关注，及时抓住社会热点事件，经过各部门、院系结合自身工作、专业进行充分探讨分析，经过精心策划、编辑，由新媒体渠道及时发布权威信息，引导舆论走向。关于学校新闻、要闻、通知、安排等思想政治教育相关信息，需要由学校领导部门的官方账户编辑、发送，其他部门、院系、学生群体积极转发宣传，同时注意在转发过程中结合自身特色并创新传播形式。关于高校网络育人专业理论内容的传播，这是新媒体矩阵内容建设的"硬核"部分，主要由思想政治教育相关院系担任。相关院系可以通过思想政治教育理论课结合新媒体平台的形式讲解，还可以让教育者以直播、短视频、音频等形式进行内容讲授，突破空间的限制，扩大影响范围，并且可以长期保存和反复学习。以上的社会信息、学校要闻、思想政治教育内容等都是通过学校自上而下、一体化采编，共同推进的传播模式，使学校形成层次分明、资源共享、内容互通、传播互动的立体式传播格局。但还存在另一种信息是自下而上的传播模式，便是学生、教师个人日常学习、生活、工作的诉求。学生、教师个人可以通过评论、私信、邮箱等新媒体方式或直接或隐蔽的提出意见、诉求、反馈。这一类信息没有明确的文件和正式的流程，但关系到新媒体矩阵运行的动力和源泉，需要建设者通过新媒体平台积极的关注、发现和探究，并且及时、准确地给予回应和做出解决措施。

建设环境为高校网络育人新媒体矩阵对内进行系统性的构建，对外更要加强沟通与联系。学校新媒体矩阵要发挥微博、微信、抖音等新媒体平台的聚合作用，要通过这些新媒体平台加强与其他高校的互动、合作，真正实现"校与校"之间的资源共享，同步建设，同步传播，互相借鉴、交流，共同创建积极向上的学习环境、健康的校园舆论环境、干净的网络环境。高校网络育人新媒体矩阵的出发点首先是利用新媒体平台创建积极向上的学习环境，提升受教育者的道德素养和专业技能，培养大学生成长为全方面发展的优秀人才。通过发动全校乃至各个高校的人力资源集合社会的信息资源、专业的教育资源和自身的诉求资源于一体，必将建设好高校的学习环境。学校的领导者、管理者通过新媒体矩阵主动掌握舆论的发言权，并且结合全校各个部门、单位共同建设学校的媒体环境。这种健康、积极的学习、学校环境通过新媒体矩阵反馈至社会，反馈至网络环境当中，对社会、网络环境也是一种治理和改善。

高校网络育人新媒体矩阵模型样态是一个动态、发展的系统，会随着内容、主体的变化而变化，会随着网络思想政治教育的需要而更新，会随着社会信息技术的发展而创新；也是一个具有普遍性、实用性的教育模式，新媒体平台使用的普遍性和思想政治教育的重要性决定了新媒体矩阵在未来发展过程中必将成为主流的教育模式，并且新媒体矩阵受限制条件少，可适用性强，能够真正地为教育服务；另外，高校网络育人新媒体矩阵还是一个开放、循环的系统，思想政治教育蕴含在生活中的方方面面，新媒体承载着社会上的各类数据和信息，是一个极具包容性和开放性的系统，对整个社会的影响都不可小觑。同时，新媒体矩阵的运行都是其内部各个要素不断良性循环作用的结果，各个要素在循环过程中不断地提升和发展自己，共同促进了新媒体矩阵的发展。

第三节　完善高校网络育人新媒体矩阵建设机制

任何系统、模式的运行不仅需要理论支撑和实践探索，更需要制度和规则为系统有序进行和可持续发展保驾护航，可谓"无规矩不成方圆"。机制的建设将会为新媒体矩阵打下坚实的制度基础和框架。高校网络育人新媒体矩阵作为一个新兴的教育模式需要更加有力、有效保证作用发挥的完善机制。机制在新媒体矩阵当中起着基础性、保障性的作用，一个良好的机制可以为新媒体矩阵创建一个稳定的内部环境，并且面对外部环境不断变化的情况下，能够迅速地做出反应，及时调整矩阵内部的因素，实现新媒体矩阵教育目标的优化。高校网络育人新媒体矩阵机制的建设需要管理、保障、运行三方面联合作用。从教育者管理方面入手保障矩阵的顺利运行，新媒体矩阵优化的管理机制和强有力的保障机制能够为新媒体矩阵运行机制打下坚实的框架，而矩阵的健康运行是管理机制与保障机制的目的，同时也能在运行中发现问题、反馈信息，促进管理机制和保障机制的改善。

一、建立高校网络育人新媒体矩阵管理机制

"管理"存在于任何一个社会实践活动当中，并且对实践活动发挥着基础性作用。而管理机制是指管理系统的结构及其运行机理，是决定管理功效的核心问题。可见，高校网络育人新媒体矩阵要发挥最大的效力自然也离不开对组织、对象、内容、环境、载体等要素的系统管理，具体有新媒体矩阵管理机制、动力机制、监管反馈机制。

首先，新媒体是高校网络育人新媒体矩阵建设的载体，是新媒体矩阵中呈现教育内容、展现教育方法、体现教育理念的关键，对其管理得好与坏直接关系教育目标的实现，从而新媒体管理机制是新媒体矩阵建设的基础。新媒体管理机制是指对新兴的媒体进行管理，主要体现对其技术、内容的管理，达到各个新媒体平台共同协调。

第一，新媒体技术管理机制。网络信息设备的完善、网络信息的安全、Wi-Fi信号的稳定是保证新媒体运行的基础设施，高校需要通过加大对新媒体基础设施投入，保证Wi-Fi信号、设备全方位全天候的覆盖；需要引进和培养专业信息技术人员对基础设施进行专业、详细的使用指导、及时解决信息设备问题以及保证校园网络安全问题，避免受到入侵和肆意毁坏，保证其稳定性与安全性。这是大学生可以通过新媒体矩阵及时接受网络思想政治教育的前提。新媒体矩阵中各个新媒体都应发挥它的作用，需要对各个新媒体使用技术都要非常的娴熟和了解，发挥其最大、最有效的功能和特色，分不同层次的进行内容传送；新媒体矩阵中各个新媒体都

应有规律的链接，需要专业技术人员对新媒体之间进行技术性的关联，保证院校、部门、新媒体平台及其信息内容之间建立及时、全面的联系。新媒体矩阵需要根据不同新媒体平台的特征、传送方式的特点进行具有区别的内容制作，这需要专业制作团队和技术对其内容进行专业的设定和创作，保证每一条内容都发挥其作用，贴近大学生生活、走进大学生心中。

第二，新媒体矩阵需要在内容方面严格把关。这是高校网络育人新媒体矩阵中的核心，也是建设新媒体矩阵的意义所在，因此，对其进行合理有效的管理是最为关键的环节，需要多个部门、院校、教育者积极的重视、参与及其共建。其一，专业理论知识的管理。高校中的网络思想政治教育理论课需要作为与新媒体矩阵紧密联系的第一个融合点。新媒体矩阵要建立网络思想政治教育理论课宣传专栏，通过矩阵平台宣传理论课内容、教学风采、教师风格等内容，提升学生对公共课的重视程度；同时通过理论课堂加强对新媒体矩阵的利用和宣传。其二，关于社会热点新闻的管理。高校网络育人资源非常丰富，社会中许多新闻都能成为进行网络思想政治教育的素材；尤其在新媒体中受到极大关注的热点新闻，必然是与社会、国家、民众生活相关，其影响范围广、程度深。这便是高校网络育人新媒体矩阵的重要教育资源，需要学校的宣传、组织部门积极的关注和跟进。宣传部门需要对热点新闻进行全面的了解，组织专业人员对其从不同的角度进行客观的分析和中肯的评价，通过新媒体平台与学生进行互动和宣传。其三，关于学生实际生活、校园实践活动的管理。高校网络育人新媒体矩阵建设要以学生的需要、发展为出发点，积极关注学生的实际生活。新媒体矩阵是为学生服务的平台，不仅是从理论教育方面加强对学生的培养和教育，更应该从学生实际生活入手。新媒体矩阵应涉及学生的衣食住行、娱乐休闲、购物学习、科研就业等多个方面，为学生提供即专业、又具有权威性的知识和信息，及时准确的解答学生的疑问，吸引学生的注意力。

其次，高校网络育人新媒体矩阵要持续保持活力，必须保证有源源不断的动力输入，因此新媒体矩阵需要完备的动力机制保证其健康有效的运行。在网络思想政治教育内容宣传方面，需要合理且尽量满足教育对象的各种需要，使他们有驱动力去接受新媒体矩阵，接受网络思想政治教育。而新媒体矩阵为了能够鼓励、激励领导者和建设者积极进行新媒体矩阵的

147

管理和运行，则需要完备矩阵管理中的动力机制，满足建设者、教育者、教育对象在物质与精神方面的需要，使广大的新媒体矩阵建设者从中获得荣誉感、满足感、被认同感以及成就感。其一，物质激励。劳动者劳动的最基本目的是满足自身生存的需要，新媒体矩阵是建设者也是如此。动力机制首先需要关注建设者的物质生活和经济利益，提高建设者的工作热情和积极性。动力机制的物质激励可以从工资、奖金、补贴、福利等方面来满足建设者物质生活需要及经济利益的提升。设立新媒体矩阵建设的专项基金，鼓励学院、教师积极申报相关课题，加快加深对此方面的理论研究，促进新媒体矩阵纵向发展；设置专项奖金，对新媒体矩阵建设工作进行审核、评审。由于新媒体的量化特征，其工作内容和影响力可以被量化，可以非常客观、直观的进行审核，这有利于公平公正的竞争，对建设者予以更大的鼓励和支持。其二，精神激励。动力机制不仅仅只局限于物资需要得到满足，而更应该满足建设者的精神需要，精神动力是新媒体矩阵得以充满活力的最重要、最稳定的支撑。新媒体矩阵建设可以通过积极开展并参与新媒体矩阵相关的会议和讲座，扩大建设者的接触面，开阔视野，帮助建设者深入了解新媒体发展以及网络思想政治教育发展创新的必然趋势，提升建设的使命感和危机感；加强对新媒体矩阵建设者的团建活动，互相交流、熟悉，促进彼此之间的情感，增进工作默契，建立牢固的工作、人际关系，这会使得建设者对新媒体矩阵逐渐树立归属感；学校、学院需要充分尊重新媒体矩阵建设者，积极给予他们支持和鼓励，重视、肯定他们的劳动成果，及时、客观的对其进行表彰、表扬，增强建设者的荣誉感和自豪感，以此建立对新媒体矩阵的深厚情感。其三，环境激励。环境对人有一定的决定作用，周边环境的建设会直接影响到工作者的积极性和有效性。运用环境激励是指健全新媒体矩阵建设的基础设备，营造良好的工作氛围，对矩阵建设者产生激发、鼓励和推动作用。环境激励首先要健全学校的信息网络，随时保持网络畅通。另外，需要健全学校新媒体运用硬件设施，积极借鉴、学习其他高校对新媒体矩阵建设的经验，感受新媒体矩阵建设已经成为教育的主流趋势，学校-新媒体-社会已经形成环环相扣的局面。让学校成为智慧校园，让新媒体真真切切走进学习与工作之中。

最后，"千里之堤，溃于蚁穴"，再坚固的堡垒依旧需要防患于未然，积极对其进行检查、核算，避免问题积少成多，积小成大。新媒体矩阵也是如此，当其具有丰富的内容支撑、专业技术保障、强有力的激励政策，正处于健康有效的运行时，建设者更加需要对新媒体矩阵进行全方位监管和及时处理问题反馈工作，保证新媒体矩阵的后发力量。其一，新媒体涉及范围非常的广泛，其中包含的内容良莠不齐，需要建设者在矩阵的建设过程中对其加以严格的管理。建设者要对新媒体舆论进行收集，了解社会舆论、校园舆论的主流方向，同时收集其他高校关于新媒体矩阵建设的最新消息，掌握第一手资料，以便确定工作动向；对新媒体舆论加以监控，根据舆论的性质、影响范围划分不同的等级，尤其是对具有危害性、误导性的舆论需要加以科学分析和有效控制。及时有效的舆论监控有利于开展新媒体舆论的引导工作；同时需要加强新媒体舆论信息处理工作，第一时间掌握新媒体矩阵中的舆论方向，抢占舆论高地，掌握主导权；面对重大舆论事件不仅需要引导，还要持续跟进，帮助大学生了解事件的原委和真相，培养大学生的探索和探究精神。其二，新媒体矩阵是一个开放性的场所，所有的学生都能够在其中各抒己见，表达自己对事物的看法和立场，这为高校网络育人提供了信息反馈平台，帮助教育者准确掌握教育对象的思想动态。同时，这也是给予学生对社会、学校、老师提出意见和反馈的平台，需要建设者给予回应。新媒体矩阵的反馈方式相对于传统的信息反馈形式会更加的方便和快捷，而且能体现的反馈信息更多更丰富。学生对于新媒体矩阵中发布的视频、消息予以评论，这是最为直接的信息反馈的方式，建设者也可以及时地予以回复，解决学生疑问的同时也给予了学生关注，让学生体会到自身的作用和被关注。

高校网络育人新媒体矩阵管理机制从新媒体矩阵建设技术、内容管理为出发点，是新媒体矩阵建设的重要部分，是高校网络育人得到充分发展和积极创新的基石；建立系统的新媒体矩阵激励机制是保证其具有强劲动力的关键点，是运行的动力源泉；及时对新媒体矩阵舆论进行监管，是新媒体的特性使然，是矩阵建设的基本要求。只有从方方面面对新媒体矩阵加强管理，才能发挥高校网络育人新媒体矩阵的作用。

二、健全高校网络育人新媒体矩阵保障机制

任何事物在发展前进过程中都呈现螺旋式的上升和波浪式的前进，会遇到机遇和挑战，会落入低谷和登上巅峰，而如何在机遇面前勇往直前、在挑战中迎难而上、在低谷中蓄势待发，在巅峰时保持警惕，这需要具备强大的后援和保障。高校网络育人新媒体矩阵在发展过程中也是如此，会遇到各式各样的挑战，这些挑战来自社会、网络、建设者、学生、自身等等，这需要建设者在建设过程健全思想保障、物质保障、人才队伍保障、信息资源保障，才能实现大学生思想政治在教育新媒体矩阵的可持续发展。

第一，思想保障。思想保障是新媒体矩阵建设最有力的保障，加强思想保障必须提升建设者的认识和思想觉悟。以习近平同志为核心的党中央深刻把握网络信息时代新特征、新规律，提出了一系列重大举措，形成了习近平网络强国战略思想。这充分体现了互联网在社会发展中的重要性，是信息化背景下马克思主义理论成果的重大创新，是中国特色网络治理观的最新理论成果，是建设网络强国、数字中国、智慧社会的行动指南。因此，在国家政策的引领下，作为重要的教育阵地必须提升对思想政策的认识，加快推进高校网络育人与网络、新媒体相融合的实践步伐。而网络强国思想也为新媒体矩阵建设筑起了坚实的思想保障和行动指南，学校可以通过召开学习会议、培训课等方式不断提升建设者对国家政策的学习和更新，全校上下凝聚成利用新媒体，促进网络思想政治教育因事而化、因时而进、因势而新的思想共识，提高对网络思想政治教育与新媒体融合的紧迫感和重要性的认识。

第二，物质保障。物质保障是最直观、最直接，同时也是最重要的保障，具体表现为对新媒体矩阵建设的资金投入、基础设备的完善、核心技术的培养。学校需要做详细、合理的新媒体矩阵建设方案、健全新媒体矩阵建设所需资源，积极向上级管理部门申报高校网络育人新媒体矩阵建设项目，争取矩阵建设的前期支持和后期资助。另外，新媒体矩阵建设也可以与校友基金会、教育基金会等团体合作，保证新媒体矩阵建设的资金来源，夯实建设的物质保障。基础设备的完善是新媒体矩阵雏形构成的第一步，除了保证校园网络的通畅度、覆盖率之外，还需要加大与各类新媒体平台的合作与联系；同时，配备相关的新媒体平台智能设施，例如：电子屏幕、虚拟现实（VR）硬件设备、直播中的高配置电脑、耳机、话筒等。新媒体的核心技术是矩阵建设的灵魂，娴熟、专业的技术可以为内容传播增强感染力，为信息传送增加吸引力。因此，可以发挥学校、学院的信息人才进行专业的制作和处理；同时对建设者进行专业培训和学习，增强整体的操作水平和实力。只有完备的设施与专业的技术相结合才能保障高校网络育人内容准确、有效的传播并产生深远影响。

第三，人才队伍保障。高校网络育人新媒体矩阵建设需要重视人才队伍建设，其关系到思想政治在教育内容、目的、过程、评估、领导、反馈是否得到贯彻落实，关系着新媒体矩阵是否能够取得成效的重大问题，需要不断提高建设者的思想政治、新媒体素养和能力，成为一支具有正确政治方向、高水平素养、强大实践能力的专兼职结合的新媒体矩阵队伍。新媒体矩阵人才队伍建设主要包含：学校领导者、部门管理者，包括后勤、安保部门、各学院教师、全体学生以及家庭，整个学校的人力都是矩阵建设的人才资源，这便全方位加强了矩阵建设的人才队伍保障。

高校网络育人新媒体矩阵加强队伍保障，必须从职业化、专业化、发展性、动态性方面入手。职业化方面的提升主要针对矩阵的领导者、部门管理者以及学院教师，这是矩阵建设的主力军，需要具有强健的体魄、坚韧的意识品格、良好的精神状态以及严谨的思想作风的职业形象、崇高而稳定持久的职业理想以及组织协调、宣传沟通的职业技能，以此保障新媒体矩阵信息发布的公信力；专业化方面则要求各部门、各学院加强自身的专业知识结构、具备扎实的专业理论知识、广博的相关学科知识以及专业能力，而大学生即作为学习主体，又成为矩阵建设的人力资源，也必然需要加强自身专业知识理论与实践的培养，这保障了新媒体矩阵内容的权威性和专业性；发展性与动态性则是要求人才队伍需要通过不断的培训增强自身的新媒体矩阵服务意识，掌握矩阵建设真本领；同时作为队伍中的兼职和专业人员要加强沟通、互动、交流，彼此学习、吸收，共同致力于新媒体矩阵的建设，为其建立一道坚实的人力堡垒。

第四，信息资源保障。新媒体是网络大数据中的一种呈现形式，信息来源、信息内容、信息的及时性是高校网络育人新媒体矩阵可持续发展的有力保障。新媒体矩阵是由多个不同类型的新媒体组成，教育主体可以通过矩阵获取源源不断的思想信息与内容，为网络思想政治教育信息的获取提供了畅通的渠道；同时新媒体承载着丰富多彩的内容，为充分挖掘网络思想政治教育信息提供了可能，丰富了新媒体矩阵思想信息资源。高校网络育人新媒体矩阵建设主体是高校部门和学院教师，能够准确地从各类信息当中寻找具有教育意义的内容和信息，这为网络思想政治教育信息的权威性、准确性、教育性提供了强有力的保障。除此之外，新媒体矩阵建设信息内容的主要构成是：以本校信息内容为主，外部信息为辅。在坚持本校的核心教育理念的同时通过新媒体平台不断吸收其他高校的新媒体矩阵建设经验，不断挖掘、整合社会信息，建立信息采集和分析系统，真正做到"为我所用"。

高校网络育人新媒体矩阵思想、物质、人力、信息保障机制的健全为新媒体矩阵可持续发挥作用提供了现实保障，也是高校网络育人创新发展必须具备的力量，建设者需要对其进行全方位的准备和持续不断的输入能量。

三、创建高校网络育人新媒体矩阵运行机制

创建新媒体矩阵运行机制是集中关注高校网络育人在新媒体矩阵中运行的步骤，和运行过程中各个阶段要素作用的发挥。在运行过程中主要包含最有效的获取信息、制定最佳的决策、贯彻落实策略以及教育评估等内容。新媒体矩阵的运行机制是将网络思想政治教育内容与新媒体融合的关键环节，在此环节的搭建和运转将直接决定网络思想政治教育的发展和创新，以及其效力是否得到最大的发挥。因此，高校网络育人新媒体矩阵运行机制是新媒体矩阵的主体机制，需要分别从思想信息的获取、分析、网络思想政治教育新媒体矩阵决策、实施、评估方面构建对新媒体矩阵全方位的探索和研究。

第一，新媒体矩阵思想信息的获取与分析机制。思想信息获取是开展网络思想政治教育的前提和首要环节，只有创建有效的思想信息获取与分析机制，及时、准确地获取思想信息，才能精确分析社会的思想动向和网络思想政治教育对象的思想状况，探寻社会与教育对象的思想发展规律，以及两者间的差距，为网络思想政治教育目标、内容、形式等方面进行正确的设定，从源头保证网络思想政治教育顺利、有效地展开。

思想信息获取首先从获取途径着手，新媒体矩阵是以新媒体为基础元素，并且新媒体自身便承载海量信息，这为思想信息的获取提供了方便、快捷的途径，这也是新媒体矩阵建设优势。大多数新媒体平台根据内容所

属范畴进行分类，例如，"学习强国"中有要闻、新思想、快闪、实践、经济、教育党史等模块，微博中分有明星、情感、社会、时尚、校园、美食等模块，可以帮助教育者快速寻找思想信息内容。新媒体平台还具备定位功能以及同城模块，这方便建设者快速定位信息的来源、主体，掌握各方位的资料，了解教育对象思想状态以及自身的发展情况，为网络思想政治教育提供了精确的信息资源，帮助教育者制定具有针对性的策略。同时，新媒体平台连接的范围不仅只有国内，对国外的信息连通也非常密切，这也为建设者掌握国外思想信息，吸收经验教训提供了便利。其次，透过新媒体平台可以了解人们的生活、学习、工作状态，以及人们之间的相互关系。随着新媒体的发展，新媒体的受众逐渐将生活中大大小小的事物或者心情转移或是分享至新媒体平台，教育者可以通过这些信息获取相关的思想信息。最后，新媒体环境与国家的政治、经济、社会、文化、生态联系越来越密切，这是新媒体发展与广大受众的关注共同导致的，但同时也体现了受众的思想。

新媒体矩阵思想信息分析机制。关于思想信息的获取处于一个收集感性资料的阶段，是将网络思想政治教育内容付诸实践的准备前提，接下来是将信息进行分类整理，并且客观的、科学的、专业的分析和归纳，为高校网络育人新媒体矩阵建设提供真实有效的信息依据。思想信息分析主要程序分为信息分类整理、标注信息重点、选取有效信息、确定分析方法、进行深入研究、得出分析结论。这主要是对教育对象信息的分析流程，由于教育对象群体庞大，需要从其个性的信息当中寻找共性信息，掌握教育对象的真正需求。

高校网络育人新媒体矩阵建设的思想信息分析主要以系统分析法为主。思想信息系统分析中将信息划分为不同的模块，有政治信息、思想信息、道德信息、心理信息。其一，政治信息主要包括政治立场、态度、纪律、观点、信念。通过新媒体中反应地信息，分析教育对象的政治信息情况，主要是观察和解决教育对象对国家、制度、道路等政治问题的看法和立场。同时，也从中探寻教育对象对国家政策、措施、目标等内容是否掌握，学校在该方面的宣传和落实是否做到位等问题。其二，思想信息主要包括世界观、人生观、价值观，教育对象的此类信息会体现在新媒体平台的各类动态当中，需要教育者细心、专业的观察和分析，主要是解决教育对象主观与客观相符合的问题。其三，道德信息包括教育对象的道德认识、判断、行为。新媒体平台中存在的失范现象，例如，网络暴力、谣言、欺诈、赌博等。这加强了道德信息获取、分析的紧迫性和重要性，也使得准确掌握当代大学生道德认识、提升道德判断能力、规范道德行为成为新媒体矩阵建设最迫切的内容。因此，新媒体矩阵建设必须对道德信息进行针对性的分析和研究。其四，心理信息是指个体心理活动和社会心理活动，包含个人的性格、意志、兴趣等微观方面。另外，因为大学生具有代际性特征，教育者也可以用宏观的角度去分析。尤其是00后大学生自主性强、敏感，多才多艺但是心理承受能力较弱，需要牢牢掌握他们的心理状况，培养和提高教育对象的心理承受能力，保持积极向上的良好心态。

对教育对象的思想信息进行系统分析时，也要将目光集中在社会环境当中，关注新媒体的突发性事件和热点，对于此类信息一定要快速掌握和专业分析，并且及时给予权威性的报道和传播，掌握网络舆论的主动权。因为，新媒体信息不仅在体量上非常巨大，其传播速度更是惊人，而影响范围和力度也是成倍数增长，所以，对信息、舆论主导权的把握如有大意，那教育效果便稍纵即逝。所以，对思想信息的分析要兼顾内外部思想信息、综合微观与宏观角度，进行专业、客观、多维度的分析，提高思想信息的公信力。

第二，高校网络育人新媒体矩阵建设的决策与实施机制。任何事物的前期准备都是为了保证事物的落实和成功。新媒体矩阵思想信息的获取与分析便是高校网络育人新媒体矩阵决策制定的前提。网络思想政治教育决策，是指对现实网络思想政治教育目标而提出的若干个可行性方案进行比较，做出最优选择并组织实施的过程。高校网络育人新媒体矩阵是以网络思想政治教育为核心的构建，需要结合两者的特点，才能选择最优的决策方案。新媒体矩阵决策的选择是否正确、有效是新媒体矩阵是否成功的标准，直接关系两者之间融合发展前景。因此，新媒体矩阵决策与实施必须掌握决策的方法与原则，对各个环节严加管理和慎重选择。

决策既是一种结果，同时也是一个过程。新媒体矩阵决策便是一个决策过程，包括确定目标、制定方案、方案优选、实施调整环节，同时要将决策的方法与原则融入各个环节当中。

首先，确定目标。通过对思想信息前提的准备，反馈至新媒体矩阵建设者，一般由学校的领导部门、网络思想政治教育者根据新媒体反应的情况制定相应的决策目标和任务。由于不同层次的建设者具有不同的权限和工作性质，所以对于决策目标的确定也划分为不同的维度。学校的领导者确定长期的、全局的目标；部门管理者则根据上级领导的指示制定阶段性目标；而院系的教育者需要将阶段性目标细化成日常教育工作的目标。同时，决策目标的确立是科学决策的第一步，无论是长期目标，还是局部、日常目标都应该具有规范性，不能违背事物发展的规律、不能违背国家的政策方针；具有可行性，新媒体矩阵目标的确立必须是通过努力可以实现的，不然目标失去了本身的意义；具有整体性，新媒体矩阵建设者必须着眼于事物的整体，确定层次分明、相互联系的目标体系。

其次，制定方案。在这一环节中主要解决新媒体矩阵"怎么做"的问题，需要制定相应的行动计划，整合各方资源利用新媒体进行网络思想政治教育，实现教育目标。方案的制定过程中需要整体把控方案的科学性和创造性，这需要集中全体建设者的智慧才能，通过层层部门会议交流、探讨结合实际情况进行拟定；并且教育者要整合过去的经验，根据可能发生的情形制定备选方案，以确保计划的可行性。而新媒体矩阵建设自身便是网络思想政治教育具有创新、创造的体现，以此确保了方案的创造性。这是从整体上对方案的要求，从部分来看，方案计划过程大致可以分为方案构思和内部细化两个步骤。步骤的有效完成需要依据直接预测法、专家决策方法进行科学、合理的安排和制定。

再次，方案优选。经过拟定备选方案后，需要对其进行对比、论证、权衡，最后选择最为合适的方案。在这一取舍的过程中主要关注三个标准：价值标准、总体最优标准、最优损益平均值标准。价值标准是指新媒体矩阵方案的实施新媒体矩阵建设主体、环境、对象带来的效果，以及是否符合方案目标的实现。新媒体矩阵强调针对性，方案的选择必须与目标的实现保持一致性，这既方便目标的实现也为方案的评价、反馈给予明确的衡量标准。总体最优标准是指方案的目标不明确或者有多个目标需要达成，这时需要综合考量各个目标方案达到的最佳效果，可以从对象、程度、时间、重要性等方面层层分析和选择，并时刻秉持新媒体矩阵建设以学生为中心，为学生服务的理念。最优损益平均值标准，在方案实施之前需要对方案实施过程中出现的问题和状况进行评估，综合评估情况，选取利大于弊的方案实行。另外,因为新媒体反应的事物是在不断发展变化的,方案的制定到实施,并且在实施的过程中存在许多变化的可能,选取最终决策之后,还需要准备补充方案作为备用以备不时之需,这是确保方案目标得以实现的保障。

最后,实施调整。新媒体环境是一个开放的环境,与课堂教学、开展活动、会议不一样,他们有教育者与教育对象之分、有主办方与参会人员之分、有主讲人和听众之分,而在新媒体矩阵中都是方案的执行者和参与者,由领导者引导,部门管理者、教育者、教育对象等全员参与,在实施的过程中积极引导教育对象。这是新媒体矩阵方案实施的普遍现象。但同时也要讲究参与实践的方式方法,在方案实施过程中突出教育重点、把握舆论主导权,将方案与教育对象的实际生活与学习紧密联系,因地制宜、因人而异的进行新媒体交流互动,要将方案内容做到实处,不搞形式主义。教育者与受教育者在同一个平台环境中互动,教育者用专业知识和娴熟技巧对教育对象进行教育和引导,而教育对象在轻松自在的环境氛围中更容易打开心扉,接受教育。这是高校网络育人新媒体矩阵的魅力所在。除此之外,可以通过新媒体矩阵实行线上服务方案,教育者在线"一对一"答疑解惑,建立心理咨询室、学习自习室、网课论坛室等,这解决了学习的时空问题,解决了学生隐私问题。这种将教育资源、新媒体资源充分利用的方案,点面结合的实践必须落到实处,助力新媒体矩阵的建设。

第三,高校网络育人新媒体矩阵反馈与评估机制。新媒体矩阵方案执行得是否有效,目标是否达成,方案自身存在的优势和缺陷表现在哪些方面等,这些都是在新媒体矩阵方案实施之后需要去探索和研究的重点问题,是这一方案的最后一环,也是新方案的开始。新媒体矩阵方案的反馈与评估方式与传统的方式不同,新媒体是一种大数据,高校可以通过与新媒体平台进行合作,运用专业的技术将教育的现象和结果量化,用非常直观、客观的数据表明方案实施的成效。方案评估可以从以下几个方面分析:教育对象的思想政治素质是否提升、教育者与受教育者之间互动是否正常或增加、教育者教育方法是否合适、内容是否恰当等,这些评估内容都能够通过新媒体矩阵后台数据的显示进行详细了解。这克服了传统评估过程中对隐蔽、间接、远期效果困难评估的问题。另外,新媒体矩阵建设能非常快捷、灵活地进行阶段性和总结性评估,大大提高了网络思想政治教育评估效率，为网络思想政治教育方式、内容的调整做出有效指导。当然，通过对新媒体、现实生活环境进行勘察、调研也可以检验方案的有效性与否，教育对象的反馈意见也能反映方案是否真正融入了他们的生活。

　　高校网络育人新媒体矩阵的运行和建设过程都是在新媒体当中进行，建设者可以通过新媒体平台非常直观的了解网络思想政治教育的最新进展，教育对象的思想发展情况，能够直接呈现网络思想政治教育施教和受教的过程，记录教育者与受教育者相互作用的过程，并且能够及时发现、处理过程中的相关问题，转换教育方式。因此，新媒体矩阵的运行机制体现在了每一个环节的运行，及其每一个环节的相互关系当中，建设者需要牢牢掌握高校网络育人新媒体矩阵运行过程中的每一个细节，推动新媒体矩阵健康运行和持续发展。

第七章　新媒体矩阵下网络育人教育创新路径

第一节　运用融合思维革新网络育人理念

　　媒体的融合作用于大学生网络思想政治教育的方方面面，在全新的网络空间中，人的思想关系越来越复杂，思想政治教育既面临各种机遇又面临多重挑战。探索新媒体与大学生网络思想政治教育相融合的新形态，必须在中国共产党领导下，审视新媒体形态体系中理念、平台、技术、内容和组织五个范畴，探索优化新时代大学生网络思想政治教育的路径，促使学生增强对主流意识形态的认同，以理性平和的方式实现网络空间中的自我表达，更好地适应当下及未来的网络社会生活。

　　无论是现实世界的思想政治教育，还是网络空间中的思想政治教育，究其根本都是做人的工作，培育能够适应未来网络生活，全面发展的社会主义现代化事业建设者是网络思想政治教育的根本目的。面对急剧变化的新媒体传播发展大势，加强网络思想政治教育的导向性、价值性、有效性，思想政治教育者首要任务就是要及时更新思想政治教育理念，提高其作为育人主体的媒介素养，将互联网思维融入网络思想政治教育的各个环节中，创新新时代育人工作方法。因此，高校思想政治教育者应以融合思维转变教育理念，顺应新媒体传播格局下网络思想政治教育规律。

一、坚守"三全育人"理念

　　网络思想政治教育从本质上来说是在新的网络空间中做人的工作。中共中央、国务院发布的《关于加强和改进新形势下高校思想政治工作的意见》提出"坚持全员全过程全方位育人"的要求，将"立德树人"作为育人的根本任务。众所周知，价值导向必须以一定的媒介作为载体，在新媒体传播格局下这种价值导向常常以间接的、隐晦的、全面渗透的方式向学生传递，以整合媒体资源，形成媒体间教育的合力，从而达到价值教化的根本目的。在融合时代，需要以"三全育人"的理念作为指导，教育者应明确其在网络中的育人职责，不仅要把价值引领融入网络教育的全过程，还要整合各方资源，形成网络文化育人的新形态。具体做法如下：

一是明确思想政治教育者网络育人的主体职责，促成全员育人的协同。思想政治教育者的根本任务就是为社会主义现代化事业培育德智体美劳全面发展的建设者，在网络空间中也是如此。高校的教育者作为组织开展大学生网络思想政治教育的主体，首先，应明确"立德树人"的根本要求；其次，紧跟新媒体发展大势，加深对新媒体的认识，不断提高自身各方面的素质，主动占领新的网络教育阵地；最后，在把握网络传播规律和新时代大学生思想行为特点的基础上，利用微信、微博和移动客户端等融合型的校园新媒体平台，以具体行动践行网络育人的职责。

二是以网络思想政治教育作为有益补充，实现课堂教育的向外延伸。思想政治理论课堂始终是高校育人的第一渠道，是思想政治教育的主要阵地。然而，随着互联网络的快速发展，在融合传播格局下，开放性、虚拟性、交互性的媒体平台能够突破时空的限制，以潜移默化的方式实现价值的教化。新时代下价值教化不仅可以通过贯穿课堂教学的全过程，还可以通过建构网上课堂，发布时事评论的文章，增设教育音频、视频资源，开发趣味生动的动画等多种媒介形式实现网络空间中的价值引领。

三是营造网络文化育人的良好氛围，实现各个网络载体全方位育人。从构筑高校微信平台中新媒体联盟和网络互动社区两个层面，教育者应联合各个职能部门、学院和学生组织等多个子层级的媒体资源力量，打造"智慧校园"。通过完善名师网络课堂，开展网络主题教育，组织学生参与网络社会实践项目，引导学生参加高校"两微一端"媒体平台的运营和管理等多个途径，确保各媒体要素同向同行，以增强网络思想政治教育的广度和效度。

二、融入互联网新理念

互联网理念是指利用互联网的技术、规则和方法改进企业组织与用户关系的思维方式。理念是行动的先导，新媒体传播格局下借助互联网理念开展网络思想政治教育，既要遵循思想政治教育基本规律，也要遵循互联网的客观规律。即高校应以互联网思维重新审视思想政治教育在网络空间中的实践，缩小国家和社会关于思想认识、价值取向、道德品质、网络素养等方面的要求与学生的实际思想政治状况的差距，满足新时代大学生多元化和个性化发展的需要。

一方面，教育者应建立数据驱动的理念。众所周知，大数据是尚未被完全开发的"石油"，而对数据进行充分的挖掘能够有助于教育者更好地了解学生的思想行为特征、心理偏好和网络行为习惯。因此，教育者若要建立数据驱动的理念，加强新媒体传播格局下网络思想政治教育有效性，应从三个方面践行：一是以技术作为导向，充分利用校园已有的技术设备，如使用个人校园账号认证登陆的各种网站、新媒体平台，校园监控系统设备、智慧校园物联网实施等，以便对学生各类数据进行实时的跟踪收集。二是以智能平台为依托，通过一定的数据分析模型，筛选学生的认知需求、心理偏好和上网行为习惯，提高教育的针对性；三是注重借力数据科学专家，吸纳具备大数据分析技术的专业人才，从而采集学生用户的数据信息，根据教育目标的要求建立相应的分析模型，以建构协同育人的管理机制。

另一方面，教育者还应重视学生用户需求。在新媒体时代，微信、微博、抖音和短视频等这类几乎完全由用户提供内容的新兴媒体产品，促使教育双方从简单的信息交换走向深度的、参与式的人机交互。教育者和学生不仅是信息传播共同体，更是价值判断共同体、情感传递共同体。在教育平台的功能开发上，教育者整合媒体资源，教育功能要与学生根本使用需求的契合，从而吸引学生用户主动运用该平台。在教育内容的甄选上，根据培育社会主义核心价值观的目标，尽可能选择学生普遍关心的热点问题，选用贴近学生生活实际的教育案例，运用学生喜闻乐见的直播、视频等多元化的传播形式。在交流互动的实现上，满足学生渴望进行自我表达，自我创造的需要，教育者遵循开放、共享、协作的理念，注重学生在网络中的交互作用，鼓励学生发挥聪明才智，开发网络作品，传播正能量。

第二节 开发融合内容营造"共振式"网络文化

网络思想政治教育作为思想政治教育的网络空间中的继续，对优质教育内容的追求既是增强教育双方耦合效应的逻辑前提，也是提升网络思想政治教育竞争力的关键要义，还是保持校园思想政治教育媒体平台生命力的重要途径。随着新媒体时代到来、新的媒介发展形势的改变，尤其是智能手机助推了一些碎片化、浅阅读、消费属性的泛资讯内容快速拓展。由于思想政治教育内容涵盖马克思主义世界观教育、人生观教育、政治观教育、道德观教育、法制观教育等多个具体方面的内容，而网络思想政治教育的内容边界更加宽广，由此导致教育内容表现出"泛而不精"的现象。另外，在"两微一端"教育阵地全面展开网络思想政治教育，也存在教育内容"移植"，多个平台上教育内容重复，教育双方思想互动不足的状况。因此，为巩固新媒体时代下社会主义意识形态在网络领域的主导地位，思想政治教育借力新媒体平台发挥最大质效，必须因时、因势积极开发融合型、"共振式"、多媒体化的教育内容。

一、菱形嵌入式

所谓菱形嵌入式的内容生产模式是指为适应新媒体时代信息传递速度、传播内容深度和教育者与学生用户互动的需求，教育者因时、因势、因事率先发布一定的教育内容，根据各方媒体平台学生用户的反馈，拼接、补充、嵌入新的教育素材，以形成更加完整的教育内容，使得教育向纵深发展发展。

（一）发布简讯

简短信息是指以百字对教育内容简要描述。从地位和作用上，简短信息是开展大学生网络思想政治教育的引言导语。处于中央"大脑"位置的新媒体中心的教育者可以以重大历史事件、纪念活动的时间节点为契机，进行主题报道、典型报道和成果报道，以最快的速度和最简洁的形式描述或回顾该事件，引发学生对其产生一定的关注度和好奇心。

161

（二）收集反馈

在新媒体传播格局下，不同类型和层级的媒体平台也将根据事件进行反应，各方在基于充分了解事件发展脉络的基础上，能够进行相应的评论，发表其观点。这些反应和反馈都将成为教育者延伸网络教育过程，深化教育内容的有益素材。

（三）延伸教育

教育者通过收集不同类型和层级的媒体平台的反应和其学生用户的评论情况，依托于大数据分析技术，借助于专业的数据分析与管理专家的力量全面分析学生用户在这一事件上的思想认识、情感态度、政治观点等，以便后续对学生进行更具有针对性的再教育。在教育过程中，嵌入新的教育素材并对其进行二次加工，从而实现网络思想政治教育内容的二次增值，拓展教育内容的深度和广度。

（四）定制互动

新媒体传播格局主要特征之一就是双向互动性。在网络空间中教育双方的互动是一种完全出自我意愿的、双向的、平等的交流。教育者应充分利用这一特性，根据学生用户的学习兴趣、学习取向和学习需求，以技术为依托营造适合网络互动的拟态环境，如搭建教育双方"一对一"的私信聊天室、"一对多"的社区论坛，以发表观点、评论的方式引导学生进行深入思考，逐个击破学生用户的思想困惑。通过定制式的互动激发学生用户的参与意识、参与意愿和参与行为。

菱形嵌入式的教育内容生产方式较为普遍，如人民日报微博新媒体聚合平台关于我国改革开放四十周年的报道，其以人们乘坐的交通工具的变化为切入点，引发人们对于我国改革开放成就的讨论，并以视频、音频的媒介形式转发习近平总书记关于改革开放的系列讲话，以文字、图片持续报道《大江大河》制片人等知名人士关于改革开放的讨论，进一步点燃对我国改革开放所取得成就的讨论热度。最后，人民日报评论员根据各方论调，发表本社观点，凝聚共识，巩固对社会主义制度的认同。

二、钻石折射式

钻石折射式是指融合文字、图片、音频和视频多种媒介形式，进行多维度、多层次、全方面地网络思想政治教育内容建构。正如钻石经过 N 次切割和打磨，具有若干个面，从而折射出不同的光芒。在新媒体传播格局下，对同一教育内容的不同侧面同时进行报道，学生对媒体平台中教育内容的接触次数越多其涵化效果越强，越能够共同折射出更立体、多元的教育光芒。

首先，教育者应将网络思想政治教育内容的原始素材进行"N次切割"，从多角度采编内容，形成多个教育"反射面"。网络思想政治教育内容相较于理论教材，应更加丰富和多元，将主流价值观以文化渗透的方式融入大学生群体的精神世界。在内容设计上，从多个维度叙述同一教育主题，深入挖掘教育内涵。以国家安全日作为教育主题进行网络思想政治教育为例，可以通过在媒体平台中引述国家领导人相关讲话、学生对于该节日的讨论、校园安全日活动报道及开设国家意识安全线上网课等多个方面组织教育，提高学生对国家意识形态安全的思想认识。在载体形式上，对同一教育主题运用不同的媒介形式进行呈现。基于新媒体环境下大学生碎片化、浅阅读式和交互式的习惯，生产简洁有力的文章，开发生动有趣的动画，利用丰富的音频和视频资源。满足不同学生对阅读文字、聆听音频、观看视频和动画等多样化的需要。在渠道平台上，整合各方媒体资源，促成传统媒体与新媒体之间的内容共享，实现同一内容通过多个端口、多个渠道和多个平台进行发布，以适应不同平台的传播特性，形成具有品牌特色的网络思想教育形态。如华东师范大学官方微博及其"ECNU学工在线"微信号均推送了与"纪念改革开放四十周年"话题相关的文章，其内容涵盖改革先锋事迹的宣传和相关育人实践活动。在开展过程中，由于微博适合发布较短的文字与直观的图片，在华东师范大学官方微博发布的内容为简要的改革先锋人物介绍、四十年间学校的变化对比图，直接地凸显出改革开放的成果，有助于增强学生对中国特色社会主义道路的认同。而在集中开展思想教育的"ECNU学工在线"微信平台上，以长篇图文的形式，介绍了展现校园四十年间变化的师生校友书画展成果与"改革开放百杰"人物详细的事迹，展示了总结四十年教育改革开放经验的书籍等。利用不同传播渠道的独有特性，有助于将思想教育内容全面渗透，扩大传播范围，进而提高教育的质效。

其次，分层、分类、分重点地精准推送思想政治教育内容，为每一类学生找到适合的教育"面"。通过数据分析技术掌握每一位学生用户的特

163

征后，对心理偏好相似或思想政治状况相似的学生进行大致分类或聚类，为不同类型学生群体提供"定制"的教育内容，实现精准化、差异化、多元化的网络思想政治教育。在新媒体时代下，思想政治教育者也可以借助多个媒体平台获取学生在网络空间中的活动足迹，根据学生的浏览行为、关注行为、收藏行为、评论行为及转发行为，改进和优化符合学生群体需求和特征的内容选择机制，从而将特定的思想政治教育内容定点推送给目标学生群体，促使"浅"且"泛"的信息向"深"而"精"的方向进行转变，从根本途径上实现思想的"配餐"。

三、交互沉浸式

交互沉浸式即在网络思想政治教育过程中，借助虚拟现实（VR）等新的智能技术，根据教育内容设计、再现、营造身临其境的虚拟教育环境，帮助学生以第一人称的视角沉浸其中，成为网络思想政治教育的在场者，获得交互式的体验。如果思想政治教育内容与学生的实际思想需求的脉搏同步，频率相互契合，就有极大的可能产生思想的共振，从而更加容易实现思想政治教育的有效性，这一规律随着新媒体时代的持续发展愈发显现。

（一）细分场景

开发交互沉浸式教育内容的前提在于细分学生使用场景，了解学生特点和需要。现今通过移动媒介获取信息内容的大学生数量呈现出急速增长的趋势，他们可以在任意的场景中接受思想教育、传播教育信息以及反馈教育效果。在新媒体传播格局下，大学生并非单纯的网络思想政治教育的"消费者"，而是网络思想政治教育的"第二生产者"，甚至有时候可能为教育内容的"第一生产者"。只有依托大数据分析技术分析各种平台、各种场景中学生的行为习惯和偏好，在充分了解学生的需求以及个人或群体的心理特征下，才能有效提升内容的针对性。

（二）设立情境

根据不同的教育目标，教育者收集与教育内容相关的图文声像多媒介素材，建构适合教育的情境。例如，教育者要对学生以"道德两难"为主题进行教育，可以通过制定教育情境的脚本，寻找主题相关的图片、音频和画面资料。并且，基于社交网络链接结构基础上，依靠 VR 专家和相关技术人员通过动画、图片、声音等资源建立一定的模型，从而开发动态化的虚拟教育情境。

（三）实施教育

学生用户通过头戴式设备和运动追踪设备等，以观看视频、人机交互的方式，获得视觉、听觉、触觉，甚至嗅觉等多种感官的体验，逐渐融入教育者所创造的虚拟情境中，对视频所传递的教育信息进行认知层面的深入思考，情感层面的感知，行为层面的模拟尝试。

（四）获取反馈

新媒体传播格局最为明显的特征就是重视学生用户的互动与反馈。在这一阶段，教育者通过发布线上问卷、布置在线作业和问答类游戏，及时把关学生的在线学习情况，获取教育效果的反馈，为后续开展教育活动奠定基础。

以中国人民大学微信平台中"那些年一起走过的人大"为例，校园是每个学生最熟悉、最易触发情感共鸣的场域，教育者根据这一特点创设虚拟人大校园情境，设计交互式的动画。在动画中播放舒缓柔和的轻音乐的同时，学生用户选择"路线"，以指纹长按触发下一阶段的场景，逐渐沉浸于图、文、声、像相互配合的情境里，引发属于学生个体校园生活的记忆。最后，教育者还设置"我爱人大，不是说说而已"智力类小游戏，通过寓教于乐的游戏吸引学生的关注与参与兴趣，以掌握学生的思想认识和情感态度状况。可见，交互沉浸式的教育内容生产模式不仅能够使学生跨越时空，还能够真正使学生对教育者提供的"象征性现实"产生共鸣，激发学生的关怀心、同理心。

第三节　构建融合共同体形成管理育人合力

在新媒体背景下，高校需要对多个媒体平台进行统筹管理，跨时空进行精准化、分众式的思想引导，这使得高校媒体平台的管理与以往相比变得更加复杂。

必须加强对新媒体的认识，强化对新的传播规律的把握，构建融合共同体，以形成管理育人的有效合力。

一、提升教育主体媒介素养

媒介素养是适应未来网络生活每个人所必备的一种能力，是在各种网络环境中根据需求和目的收集、分析、运用和评估媒体信息的能力。在新媒体传播格局下组织开展网络思想政治教育，教育者提高自身媒介素养尤为必要。

在教育培训上，高校尤应借新媒体发展这一机遇，有计划、有目的、有组织地对思想政治教育者和校园媒体平台的相关人员进行新媒体相关知识与技能的培训，促进其熟练掌握媒体传播规律，能够自觉运用新的媒介技术增添思想政治教育工作的时代性和亲和力。对高校的思想政治教育者尤其是在学生工作第一线的专职辅导员，在每年必修的 16 个培训学时中，应通过开设媒介素养课程、专题讲座、讨论座谈等方式，加强其对新媒体的深层认识，对新媒体技术运用能力、网络舆情管控与应对能力的培养。

在考核机制上，高校可以依托行为锚定的评价方法，将新媒体形势下开展网络教育可能会发生的各种典型案例行为作为评价指标，以适当的方式纳入思想政治教育者的绩效考核当中，清晰地反映出组织开展教育的实际效果。

此外，通过精神激励与物质奖励相结合的方式，评选网络思想政治教育优秀工作者、征集网络思想政治教育优秀案例、组织网络思想政治教育相关课题研究项目等多种途径，激励思想政治教育者主动学习媒体理论知识，提高运用新技术实施教育的技能、本领，从而优化、创新网络思想政治工作方法。

二、构建融合型的育人团队

现代化的特征之一就是社会分工日益细化，各领域专业化程度加深，个体的作用可能变得十分有限，而群体智慧、团队整体的作用越来越被强调和重视。可以说，没有融合型的人才团队就不可能有更进一步的网络思想政治教育创新发展。因此，在当前运用新媒体增进网络思想政治教育最大效能的时间节点上，高校应积极培育适应新媒体发展的育人团队，具体包括：

第一，在专业构成上，高校应以"全员育人"的理念为指导，其一，建立数据分析技术团队，联合图书馆、信息技术部门、后勤等多个职能部门，进行数据资源的收集、共享。其二，设置内容策划团队，协同学工部、马克思主义学院、媒体与传播学院等多个学科的教育者自由结合、共同策划教育内容主题，编辑和改写适应不同平台需求的教育内容，分工合作开展网络思想政治教育。其三，打造互动运营团队，建立教育者联合社会专家顾问的专业互动队伍，为学生提供问题解答库，针对学生用户的各类提问进行互动回答。借助多方资源和力量，有效形成思想政治教育合力，有助于教育内容的协同生产，为新媒体传播格局下网络思想政治教育的价值实现提供前提。

第二，在主体建设上，充分发挥教育者主导作用，学生用户作为自我教育、自我管理、自我服务的主体作用。融合时代，媒体平台作为网络思想政治教育创新的热土。无论是教育者还是学生都能够成为这一领域的主角。教育者应寻找具有正面影响力的"意见领袖"。这些学生"意见领袖"在媒体平台上具有一定的影响力，他们的发言往往能够引起较为广泛学生的关注。将其个人影响力迁移至思想政治教育媒体平台，成为推动实现网络思想政治教育目标的有效助力。可以从两个方面进行努力：一方面通过"招兵买马"的方式设置学生新媒体编辑部，选拔、培育学生评论员、学生主播，招募和吸纳具有网页设计、动画制作、视频制作等专业技术的优秀学生。在教育者指导下，学生自主开发、设计网络文化作品发布于媒体平台上。另一方面，采用普通学生用户向媒体平台的文章类、视频类、动画类等投稿，作为有益补充，发挥朋辈教育的效果。

只有不断激发全体师生的创新和创造能力，协调各方力量形成有效合力，努力打造政治过硬、求实创新的融合型育人团队，才能壮大新媒体时代下主流思想舆论，巩固共同的精神家园，为新时代中国特色社会主义事业提供坚强的思想保证。

第四节　创新融合载体强化跨平台叙事能力

规范高校新媒体的管理，推进跨时空媒体平台建设是新时代大学生网络思想政治教育创新的重要基础。当前，本是以方便师生为目的的校级、院系、各学生组织微信平台、微博，自主开发的校园 App，以及第三方校园

167

App 不断出现，呈现出平台繁多、内容零散、功能单一的现状，反而造成了高校师生的不便。同时，各个新媒体平台的管理者往往以"单打独斗"的方式进行运营和管理，使得思想传播的效果大打折扣。因此，新时代网络思想政治教育必须适应新媒体的发展要求，适应学生成长成才的客观规律，满足学生内生性需求，整合多方面的资源、协调各方力量搭建统筹管理的融合型媒体平台，以强化跨平台叙事的能力。

一、设立校园新媒体中心工作站

随着互联网的迅猛发展，尤其是以移动互联网技术为基础而衍生的微信、微博、App 等移动应用软件层出不穷，不仅改变着大学生群体的人际交往方式，还正在改变着他们的学习方式和生活方式。面对各个部门、组织众多的官方微信公众号、微博以及纷繁复杂的各类校园 App，如何对其进行规范、管理，引导各个校园新媒体平台有序发展，更好地服务于网络思想政治教育，是当下运用网络新媒体实施思想政治教育的工作重点。

首先，必须设立实体的新媒体工作站，发挥其作为"中央枢纽"的功能，统筹管理校园新媒体的各项事务。可分设大数据分析中心、新媒体采编中心、新媒体平台运营中心等多个子部门，整合分析目标学生的各项活动数据，调配信息内容的采编资源，从而有效提高管理效率，深化传播效果。此外，还应加强与下级各媒体平台的互动交流，深化合作关系，挖掘有利的媒体资源，为高校网络育人传播提供更为有利场域。

其次，建立相关的工作机制与管理制度，为新媒体工作站的高效运行提供必要的制度保障。为符合校园主流媒体的发展要求，创新大学生网络思想政治教育新形态，高校应当建立适应新媒体工作站运行模式的工作体系。从改善发布渠道、内容采编、平台运营、团队管理等多个子层面理顺工作流程，进而将制度优势及时转变为大学生网络思想政治教育的资源优势、宣传优势，形成新媒体传播格局下大学生网络思想政治教育的新格局。

二、优化微信为代表的媒体平台

目前，微信公众平台拥有大量的大学生群体用户，它是高校大学生群体日常使用最多，接触最为频繁的新媒体平台，对其加以优化管理有助于直接提升网络思想政治教育的传播力、引导力和影响力。在各类校级、院级和学生组织等微信公众平台多元化发展下，使得思想政治教育内容得以多样化。与此同时，在一定程度上却又导致了传播内容的密集化和同质化，造成了大学生对内容信息"审美疲劳"。在进行问卷调研的过程中，大部分被调查学生都表示在信息过载的当下，看到微信平台推送的文章时基本会选择忽略，甚至直接屏蔽。于是，集合多层次、多种力量，整合微信资源，合力优化微信平台，进行统一管理显得格外重要。具体做法如下。

一是整合第一层级的发布渠道，实现传播途径的融合。高校可以将各职能部门的微信公众号纳入校级微信企业号中进行统一管理，统一端口进行信息发布，尽量避免信息发布渠道混乱的情况。

二是建构第二层级的微信矩阵，形成链式育人格局。高校可以在校级微信企业号的第二层级完善对各个院系、学生组织微信公众号的链接。学生能够快速跳转到目标的院系，进行相关资讯的检索和咨询。从而，学生不必关注多个微信公众号，便可接受到来自校园多个部门发布的信息。促进以微信为代表的校园主流媒体平台的建设，不仅可以提高各育人部门协同运作的效率和信息的发布效率，同时也有助于提升学生点击校园主流媒体教育内容的可能性，为思想政治教育的传播提供前提。

三是融合最新的网络传播方式，教育者应掌握现在流行的直播和短视频录制方式，运用弹幕式的思想引导法与学生加强网上思想互动，从而增加学生对思想政治教育网络媒体平台的关注和黏性，达到良好的教育反馈效果，促成思想政治教育根植于学生内心，进而外化于行。

三、积极开发融合型学习平台

新媒体时代极大地改变了传统媒体和新媒体的传播生态，既给高校网络育人传播带来了机遇，也给传播的有效性带来了相当的挑战。在这一客观环境下，高校自主开发融合型的学习平台，搭建新型校园主流媒体，有利于充分地了解学生的思想实际，满足学生真实的使用需求，达到良好的教育效果。同时，衍生新的虚拟教育阵地，有助于摆脱微信、微博等已有的社交平台的束缚，促使网络思想政治教育的工作渠道实现创新发展。以中共中央宣传部在 2019 年 2 月下旬于北京和上海两地上线、推广的"学习强国"新媒体学习平台为例，该平台以宣传习近平新时代中国特色社会主义思想为主要内容，"学习强国"手机移动端整合了"新思想""学习""视频学习""要闻"及"时政综合"等三十多个频道，从而实现了理论宣传、新闻报道、交流互动等多种功能。在内容建构上，一方面为满足受众碎片化的阅读取向，精简新闻报道的内容，突出传播的核心内容，尽量达到"短小精悍"；另一方面，将电视播放的新闻联播内容剪辑成五分钟左右的短视频，同时配以文字进行简要说明，促成了电视媒体与手机移动端新媒体的融合。在受众交互上，除可在平台上发表观点外，受众还能参与答题活动、专题考试，进行视频会议、电话会议及存储传输文件等多项互动功能。

然而，构建融合型学习平台也向高校提出更高的要求。在新媒体传播格局下，有条件的高校可以积极探索、主动开发高校融合型学习平台。有三个开发原则需要注意：一是坚持以学生为本的育人理念，以满足学生根本的、实际的需求为主要目标。二是以技术为先导，借助互联网的思维，依靠数字技术、媒介技术等信息技术，促进移动端口的技术融合。三是实现资源共享，可将电视直播的素材转化成短视频，将长篇的文本转化为H5交互动画，真正做到内容的深度融合，从根本上节省时间和人力成本。

推进新媒体工作站的建设，以实体管理机构为依托，完善已有的、受众广泛的媒体平台的管理，开发全新的融合型思想政治教育学习平台，以构建线上与线下、现实与虚拟的协同联动模式，不仅能够为新媒体在统一平台上协同生产、内容发布、互动反馈的实现提供有力保障，还能为巩固和壮大主流意识形态阵地提供关键性的支持，真正实现"互联网+教育"的高质量发展。

参 考 文 献

[1] 林伟涛. 广东高校网络育人工作研究［M］. 广州: 广东高等教育出版社, 2020.

[2] 邓军, 等. 高校思想政治工作质量提升理论与实践（网络育人卷）［M］. 桂林: 广西师范大学出版社, 2019.

[3] 于乐. 落实立德树人根本任务 探索网络育人新途径: 电子科技大学网络文化建设理论与实践研究（2015 年度）［M］. 成都: 电子科技大学出版社, 2016.

[4] 王玉忠, 金丽馥. 新时代高校网络育人理论与实践［M］. 镇江: 江苏大学出版社, 2021.

[5] 夏侯建兵. "五维一体"网络育人新探索［M］. 北京: 人民出版社, 2019.

[6] 北京高校网络思想政治工作中心. 守正创新 构建网络育人新格局: 北京高校网络思想政治工作的探索与实践［M］. 北京: 光明日报出版社, 2021.

[7] 史丽花. 新时代高校网络育人研究［D］. 成都: 电子科技大学, 2021.

[8] 白永生. 新时代高校文化育人研究［D］. 桂林: 广西师范大学, 2020.

[9] 黄珊. 高校网络育人路径创新研究——以江西省三所高校为例［D］. 景德镇: 景德镇陶瓷大学, 2020.

[10] 钟敏丰. 高校网络文化育人研究［D］. 桂林: 广西师范大学, 2020.

[11] 柳莲君. 壮族优秀传统文化高校育人价值研究［D］. 桂林: 广西师范大学, 2020.

［12］靳丹红．高校"易班"交互式育人实现路径研究［D］．兰州：兰州理工大学，2020．

［13］郭望远．新时代高校文化育人理论与实践研究［D］．哈尔滨：黑龙江大学，2020．

［14］刘佳．大学校园网络文化的育人功能及实现路径研究［D］．沈阳：沈阳师范大学，2020．

［15］林扬千．大数据视域下高校网络育人现状及优化研究——以华中地区 H 高校为例［D］．武汉：华中师范大学，2020．

［16］杨启迪．高校网络育人研究［D］．石家庄：河北师范大学，2019．

［17］张文．新时代文化自信视域下的高校育人机制研究［D］．兰州：兰州理工大学，2019．

［18］付玉璋．高校网络育人协同机制及其建构研究［D］．武汉：武汉大学，2019．

［19］程鹏．易班在高校思想政治教育中的应用研究［D］．哈尔滨：黑龙江大学，2019．

［20］李锦韬．高校网络文化育人的现状及对策研究［D］．成都：西南石油大学，2019．

［21］王亚奇．高校网络育人方法研究［D］．武汉：武汉大学，2018．

［22］舒怡萍．高校网络文化产品育人功能研究——以合肥工业大学为例［D］．合肥：合肥工业大学，2018．

［23］张俊．高校网络文化的育人功能研究——以南昌高校为例［D］．南昌：江西财经大学，2017．

［24］张万景．高校网络文化育人功能及其优化对策研究——以桂林高校为例［D］．桂林：广西师范大学，2016．

［25］张鹏远．高校网络思想政治教育育人价值的实现途径研究［D］．哈尔滨：哈尔滨理工大学，2016．

［26］田晓明．高等学校服务育人工作改进研究［D］．大连：大连理工大学，2010．

［27］朱清．高校网络育人的融合发展路径研究——以教育融媒体建设为背景［J］．今传媒，2022，30（3）：149-152．

［28］韩楚奇．新媒体视域下高校网络育人工作路径探究［J］．传媒论坛，2021，4（22）：41-43.

［29］谢菲．高校共青团网络育人工作探究［J］．中国多媒体与网络教学学报（中旬刊），2021（11）：240-242.

［30］刘丽娟．新媒体时代下的高校网络育人路径探索［J］．科技视界，2021（25）：49-50.

［31］汪纪奥，汪岩，赵宇萌，等．高校"3+4+5"网络育人平台构建路径探究［J］．现代商贸工业，2021，42（6）：40-42.

［32］丰硕．提升高校网络育人成效的路径研究［J］．学校党建与思想教育，2021（2）：73-74.

［33］林扬千，赵本燕．新时代高校网络育人工作的现实难题与解题之策［J］．现代教育科学，2021（1）：45-49.

［34］岑锦娟．全媒体传播格局下高校网络育人创新发展探析［J］．教育观察，2020，9（46）：59-61+86.

［35］曾怡．网络育人视域下高校新媒体矩阵运营数据研究——以四川文理学院为例［J］．新媒体研究，2020，6（16）：16-19.

［36］刘强，李德慧，王鑫，等．教育大数据画像技术在高校网络育人中的实践应用研究［J］．中医药管理杂志，2020，28（13）：9-11.

［37］刘畅．互联网环境下高校网络育人协同机制构建研究［J］．山东农业工程学院学报，2020，37（2）：161-162+165.

［38］靳洋．融媒体视阈下高校网络育人途径探索与策略研究［J］．现代信息科技，2019，3（21）：172-173+176.

［39］刘芳．"互联网+"高校思政育人创新发展的路径研究［J］．智库时代，2019（27）：288+290.

［40］姚芬．基于新媒体矩阵建设视角的高校主流思想舆论传播探究［J］．黄河水利职业技术学院学报，2019，31（2）：90-93.

［41］赵慧，格桑尼玛，达顿珠．国内高校网络育人研究进展及启示［J］．西部学刊，2019（5）：122-124.